30堂家長必修課

讓孩子面向未來

陳美齡 著
AGNES CHAN

二十年後，孩子將面對怎樣的世界

大家好，我是陳美齡。

我是一個歌手、一個作家，也是大學教授，更是三個兒子的媽媽。

三個兒子都考上了美國史丹福大學，令我的教育理論受到關注。我並不是強迫孩子做學霸，而是重視用兒童心理學和教育學的理論去理解孩子們，輔助他們達成夢想。

每一個當父母的人，都希望自己的孩子有一個快樂健康的成長期，更希望他們長大後能自力更生，貢獻社會，享受人生。

可是在這個變化異常快速的現代社會中，做家長真的不容易，不但要面對眼前的問題，而且要有遠景，看到二十年後的社會，才可以培養孩子做一個成功的「未來人」。社會變化迅猛，技術的進步令我們無法對未來有具體的想像。我們必須幫助孩子面對難以預計的新時代，鼓勵他們擁抱未來和創造未來。

所以培養孩子成為擁有強大自我驅動力、適應力、抗挫力、理解力的人是非常重要的。他們不但要願意接受轉變，而且要能享受轉變。不但要接受失敗，而且能把失敗變為經驗和成功之母。

我們更需要鍛煉子女成為一個不會被機器取代的人。也就是說，他們要有能與時並進的創新想法，也要擁有人類本身纖細的感情和自由的思想。

我們時常聽到家長要孩子「贏在起跑線」。為了「贏在起跑線」，父母讓年幼的孩子們上興趣班，參加智慧學習，希望他們可以比其他孩子學習得快一點，好一點。

其實，要「贏在起跑線」不是這麼簡單。

孩子的起跑點是從父母的頭腦開始。

如果父母有充分的育兒知識，能為孩子作出適當的安排，做好選擇，明白如何把握機會，理解孩子的需要，孩子的人生就一定能有好的開始，在優質的環境中成長。

所以父母需要鍛煉自已的腦袋，增加知識，有備無患的迎接小生命。為了孩子的未來，父母的成長是必須的。

你，有足夠的「父母力」嗎？

美國最近發表了一份新調查報告，有關家長的憂慮，很多家長表示不安。

「我覺得其他家長做得比我好。」

「社會競爭激烈，我怕孩子趕不上。」

「我沒有信心做一個好家長。」

「我怕做錯。」

怎樣可以消解不安呢？

有知識和信心，不安就會消失。

為了增加知識，父母可以鍛煉自己的腦袋，積極地尋找「專業知識」。因為有了專業知識，就能夠增加當家長的信心，加強你的「父母力」。

我希望在這本書中，可以提供給年輕家長兩方面的知識。

第一，是經驗者的知識。我會將我自己的育兒經驗和大家分享，讓大家知道當我面對育兒問題的時候，如何去解決。

第二，是專業知識。我會以教育學博士的身份與大家分享兒童心理學和教育理論的知識，令大家更有信心面對培養子女時遇上的各種挑戰。

我希望大家讀完這本書後，能得到一些兒童心理學和育兒的基本理論知識。這些基本的知識，可以幫助大家理解小孩子的情況，解決育兒的問題，提高大家的「父母力」。

有高度「父母力」的家長，不會過度憂慮，可以心平氣靜地用愛和關懷和孩子相處。

這樣，家長和孩子的生活就會更加充滿陽光了。

培養小孩子是一件非常有意義和快樂的責任。我希望每一個家長都能加強自己的育兒能力，享受和孩子們度過的時光。

孩子們的成長速度驚人，要好好珍惜孩子在身邊的時間，不要錯過每一個感動的瞬間。

我們都是培養「未來人」的家長。讓我們努力學習，提高自己的能力，和孩子們一起成長，互相扶持，建立快樂和幸福的家庭，完成自己和孩子的夢想，成為真真正正的「未來人」。

III

美國頂級名校未來的教育趨勢

IV

父母的必修課

I

自我發展能力的培養

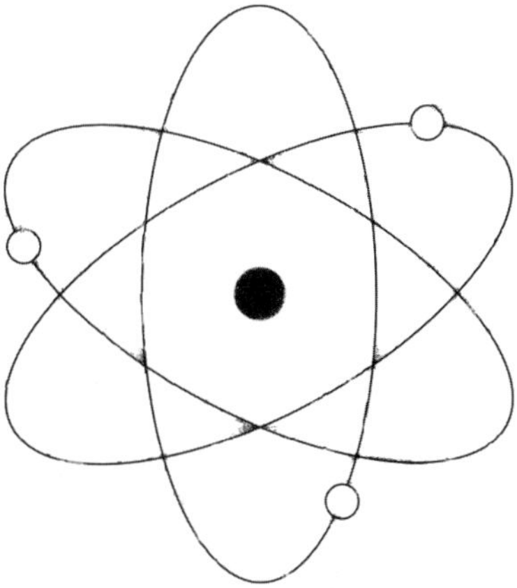

PART ONE

SELF DEVELOPMENT SKILLS

LESSON

01

給孩子自我肯定的強大力量

HELP YOUR CHILD TO BUILD A HEALTHY SELF ESTEEM

在兒童心理學中，自我肯定力是非常重要的一項研究。記得我在美國帶兒子尋找幼稚園的時候，在每一間幼稚園，當我問他們：「你們最注重的教育目標是什麼？」他們都異口同聲的說，self esteem，自我肯定力。

自我肯定力，簡單來說，就是能夠接受自己，欣賞自己，喜歡自己。在心理學家之中，也有對這種自我肯定力的理解比較膚淺的人。他們會覺得自我肯定力低的人就會沒有自信心，不能夠推動自己；但自我肯定力太高，就會高估自己，看不起人家，甚至誇大自己的存在。

但其實，擁有恰當的自我肯定力的人是不會誇大自己的。他們會明白自己的長處和短處，從而接受自己，鼓勵自己向前，不會歧視他人，不會感到自卑。這才是真正的自我肯定力。

無論是高估自己或感到自卑，都會對孩子的成長有不良的影響。高估自己的孩子，會不願意接受人家的意見，失去學習機會。

自卑的孩子不敢發揮自己的潛力，不能積極的追求夢想。

有正確自我肯定力的孩子，看到人家成功，會為人家開心；但自我肯定力低的孩子，就會覺得妒忌、不高興。自我肯定力高的孩子，看到弱小的孩子，會自然的去幫助他；但自我肯定力低的孩子，會看不起人家甚至欺負人家，從那裡得到優越感。這些都不是健康的行為，所以為了孩子有健康和正面的生活，我們一定要培養他們有高的自我肯定力。

我們如何培養小朋友的自我肯定力呢？

最重要的就是「不要拿自己的孩子和他人比較」。我們要讓孩子明白，每個人都不同，但每個人都是寶貴的，不需要與人比較。

比較是無止境的。無論你有多好，也會有人比你更優秀。無論你覺得自己有多差，也有人比你更差。比較的人生是痛苦的，不滿足的。

如果真的要比較，就和自己比較吧。

今天的我比昨天好一點嗎？為了明天做一個比今天更好的人，我今天可以做些什麼呢？

這種比較是正面的，對自己的成長有好處。但與他人比較是浪費時間的，對自己的成長未必有好處。

能夠接受自己，欣賞自己，才可以接受他人，欣賞他人。寬闊的胸襟是從接受自己開始的。

如果心中有很多解不開的結，就沒有空間去欣賞他人，為他人貢獻。所以首先就是要明白和接受自己。

家長有兩件事要小心，第一件事就是不要比較。若你把你的孩子和他人比較，孩子會感到自卑或自大。第二，不要誇大你孩子的能力，否則他就不能客觀的衡量自己，變成一個驕傲的人，失去正確的自我肯定力。

在現代社會，因為競爭激烈，即使家長不比較孩子，孩子旁邊的人也會作比較。所以家長應該時常鼓勵孩子，跟他說，「人家是人家，你是你。做好自己的事，不需要去和人比較。」

最近我發覺有很多家長，愛自己的孩子時，是有條件的。

「你做得好，你就是乖孩子。」

「你聽話，我就愛你更多。」

這種對孩子的態度，會令到孩子的自我肯定力降低。

請你無條件的愛護你的孩子。孩子做錯的時候，當然要他們改過，但不可以說「你真無用！」「你真傻！」這樣的話。

因為這種說法，你不是責怪他做錯了事，而是在降低他的價值。

你應該說，「你做這件事，媽媽覺得不好，但你是一個聰明的孩子，媽媽相信你一定能夠改過。」

這種說話就可以提高孩子的自我肯定力，也可以鼓勵他自主自覺地去改過自己，相信自己。

讓我們看看孩子是否有足夠的自我肯定力。
有足夠自我肯定力的孩子：
他們有自信心；
對未來有正面的展望；
能夠接受自己的長處和短處；
受到挫折時不會完全崩潰；
能夠表達自己的要求。

自我肯定力低的孩子：
他們對未來的展望是負面的；
不夠信心；
無法表達自己的需求；
只能看到自己的弱點；

時常覺得羞恥、抑鬱或者焦慮；

相信別人比自己好，

時常害怕失敗。

你的孩子有足夠的自我肯定力嗎？

如果你覺得他的自我肯定力不夠，請你改變自己的態度。

坐下來和孩子好好商談，告訴孩子你是全面的愛他，不是有要求的去愛他。他有好的地方有壞的地方，但你完全接受。因為他是一個寶貴的生命，沒人能代替。你這種態度，一定能慢慢幫助孩子提高他的自我肯定力。

自我肯定力是正面人生的基礎，沒有它，就很難達到自己的理想，更難成為一個自己喜歡的自己。

育兒的基礎之一，就是培養孩子有足夠的自我肯定力，否則其他努力也會勞而不獲。家長們，請加油！

LESSON

02

孩子害羞膽小怎麼辦

HELP YOUR CHILD
TO OVERCOME SHYNESS

孩子害羞膽小，是缺點嗎？是需要改變的事嗎？

其實，害羞膽小的兒童，往往比外表看來更聰明。因為他們善解人意，關心其他人，會擔心自己的行動，會不會影響或打擾任何人，也會擔心人家怎麼看自己。這都是說明孩子有高度的智能和理解能力。

有些心理學家，覺得不需要去改變害羞的兒童。

我的意見是，如果可以改善，應鼓勵他們大膽一點。

因為害羞和膽怯，會導致他們逃避嘗試、不想參與或去完成事情。有時候會因此失去自信，失去建立友誼的機會。

更有些時候因為他們不擅於表達自己的才能，會被身邊的人低估。

更有可能當他們感到困擾的時候，會害怕採取行動。當他們需要人幫助的時候，也不敢求救。

所以我是贊成幫助害羞和膽小的兒童增加自信心。

但我們也要明白，害羞並不是一件壞事。有很多害羞的孩子，只要在有足夠愛心和信賴的環境中成長，到七歲左右之後，他們害羞膽小的性格，就會改變過來，所以不需要過度擔心和責怪他們。

那麼家庭教育可以幫助害羞和膽小的兒童嗎？

答案是：Yes。

害羞的兒童是「自我意識」比較高的兒童，他們會擔心其他人怎麼看自己。

自我意識也有兩種。

一種是Self-conscious，就是比較極端的自我意識。時常覺得所有人都在看著自己，有不舒服的感覺，害怕人家的批評。這是負面的自我意識。

另外一種是Self-awareness，就是知道自己和他人不同，能夠客觀的觀察自己。這是正面的自我意識，對自己理解有幫助。

你的孩子是前者或後者呢？

如果是後者，那沒有問題，如果是前者，可以立刻著手改善。

要增加孩子的自信心，就要提高他們的自我肯定力。

上節課我們講到，自我肯定力非常重要，這一點怎麼強調都不為過。

自我肯定力就是能夠認識和接受自己。

要讓孩子們瞭解自己的長處和短處，但不是要標榜自己的長處，也不需要厭惡自己的短處。自己就是自己，不需要和其他人比較，也不需要太注重其他人怎麼看自己。

自我肯定力是怎樣培養的呢？

普通來說，在充滿愛的家庭成長的孩子，都會有比較高的自我肯定力。

但有一些家庭，家長特別嚴厲，對孩子的要求特別高。孩子達不到爸爸媽媽的要求，就會覺得自卑，自我肯定力也會降低。

當家長的一定要全面接受孩子，要無條件的愛護孩子。

這種愛不需要有原因的。不是因為他聰明所以你愛他，或她長得好看你愛他，或他聽話你愛他，而是無條件的愛他。

家長看清楚孩子的長處和短處之後，要協助孩子發揮他的長處，改善他的短處。

絕對不可以做的就是拿自己的孩子和其他孩子比較。被比較得多的孩子，自我肯定力特別低。負面的自我意識 Self-conscious 會提高，令他們時常覺得自己不及其他人，感到自卑，失去信心。

有這種心理的孩子，有些時候會特別自大暴躁，會欺負比他弱小的兒童，從而得到優越感。有些孩子，就會變得害羞膽小。

所以如果你想幫助害羞的孩子，首先你一定要全面接受他，鼓勵他，給他自信心。

上面說的是基本中的基本，只要孩子有高的自我肯定力和信心，小時候的害羞，並不是大問題。

同時，也有很多其他方法可以幫助小朋友克服害羞的感覺。

首先你要表明，你明白孩子的心情。

我的大兒子，小時候十分害羞。一有陌生人出現，他就會躲在我的後面。叫他向長輩打招呼，他就是拉著我的裙子，說不出來。很多小孩子見到陌生人，會覺得害怕，也會覺得周圍的大人都在看著自己，覺得很難受。

我看到這個情況，就跟大孩子說，「剛才你是不是覺得很不舒服？覺得周圍的人都在看著自己？」他點頭。

我問他，「是不是覺得很想打招呼，但聲音出不來？」

他又點頭。我拉著他的手，告訴他，「我很明白你的心情。因為媽媽小時候，也是非常害羞的。你不用勉強自己，你覺得有信心打招呼的時候，才打招呼吧！」

孩子聽了這番話，鬆了一口大氣。

「媽媽會時常在你身邊，幫助你克服這個感受的。不要擔心。害羞不是一件壞事，是很自然的反應呀！我們一起加油！」

孩子笑了。

「下次見到親友，媽媽先和他們說話，你準備好後，就拉拉我的裙子，我才介紹你，好嗎？」

孩子微笑點頭，眼睛亮起來了。

我們還練習了幾次，孩子覺得好像是遊戲，玩得很開心。

用這個方法，孩子就會明白害羞是可以克服的。他們的感受並不是一種缺點，而是一件自然的事。

之後，當我們碰到孩子不認識的親友時，我會首先和那個人多說幾句話，讓孩子知道那個人沒有威脅性，是友善的人。當孩子拉我裙子時，我就在他耳邊問，「OK了嗎？」若他點頭，我就會介紹他給親友認識，事後還會跟他說，「你看，你令人很開心啊！」每次他都會很高興。慢慢，他不再需要拉裙子，也能自動自覺地向人打招呼了。

當孩子發覺，鼓起勇氣和人交流，並不會令自己尷尬，反而會令人快樂的話，孩子的害羞就會改善。

還有一些小訓練可以做。譬如：

買東西的時候，讓孩子幫你開口跟店員說，讓孩子付錢和道謝。

家裡的電話，讓孩子接聽。

到餐廳吃飯時，讓孩子開口點餐等等。

這些小訓練，都可以增加小朋友的自信心。

當他們知道自己說話也不會引起尷尬，把話說完還有一種成就感，就不會那麼害羞的了。

再次提醒大家，害羞不是一件壞事，但與人交流的時候要有勇氣。只要小朋友有自信心和自我肯定力，害羞的小朋友也一定能夠成長為一個非常友善和受歡迎的人。

你家裡有害羞的小朋友嗎？可以觀察一段時間，想些辦法，和身邊的朋友交流，媽媽總是有辦法的！

LESSON

03

讓孩子敢於表達自己的觀點

HELP YOUR CHILD TO EXPRESS OPINIONS

上一節課講到孩子害羞的問題，這一節課我們進一步討論，孩子不敢表達自己的觀點怎麼辦。

在這個問題中我們可以看到有三個課題。

第一是觀點。

第二是表達。

第三是不敢。

首先說說觀點。

你覺得你的孩子不敢表達自己的觀點，是因為他不敢表達，還是他沒有觀點呢？

如果他不說話是因為沒有觀點，那麼敢不敢不是問題，表達也不是問題，問題是在他沒有要表達的內容，想不到與人分享的東西。

那麼你需要訓練孩子多思考，對人對事有好奇心，擁有自己的想法。

沒有觀點的人會令人覺得他對外部事物不關心，一起談話也沒有趣。在學校，老師可能會覺得他沒有留心聽書，對課程沒有興趣，頭腦停頓。所以從小要訓練孩子有自己的想法。

譬如，一起看電視時，看到新聞談到有人在學校受到欺凌，卻沒有人幫助。你可以問他，「你覺得怎樣？」

剛開始可能需要等很長時間孩子才會答覆你，但你要有耐心，讓他想清楚，然後再次問他，一直等到孩子表達意見為止。

還有，家庭裡決定大小事情的時候，也可以請孩子一起思考，問他的意見，讓他參與決定。譬如，冰箱和冷氣機都舊了，先換冰箱還是先換冷氣機呢？

這些問題會影響他的生活，他必定有意見。如果孩子說沒有意見時，你可以問他，為什麼沒有意見？是否覺得太難選擇？或是他覺得沒有所謂？或是他覺得兩樣都不需要？無論如何，都要他表明心裡面的想法。

這些訓練，會令孩子知道一定要擁有自己的觀點。

其次，灌輸給孩子大量的知識，也是幫他擁有自己觀點的好辦法。譬如，你可以和他一起預習教科書一年之內會教些什麼。然後給孩子多一點有關課程的有趣資料，讓他的腦袋裡有很多知識，可以和同學分享。

譬如，課程會談到能源問題。你可以和他上網找些短片，看看世界上能源的種類和分佈在哪裡，更可以研究一下可再生能源的普及。在家裡做一些實驗，令他感受到各種能源的構造。

那麼當在學校談及這個問題的時候，他的腦袋裡有很多知識，也有觀點，當老師要求意見的時候，他就有很多有趣的東西與他人分享。

我是用這個方法去教我的兒子的，讓孩子用腦袋關注世界，用心關注旁邊的事物，多與他討論，讓他擁有自己的觀點。

如果「孩子是有觀點，但不會表達」，那麼問題就是表達方法了。這需要練習和鼓勵，在家裡多給孩子在人面前發表意見的機會，說了之後多多表揚他。

「多謝你的意見，很好呀！」

「說得真好！」

「媽媽沒想到這一點。」

如果他說得不清楚，你可以說，「幫幫媽媽，再解釋一遍可以嗎？」盡量鼓勵他說明觀點。

有親友在場時也可讓孩子聽大人說話，讓他學習別人表達意見的方法。只要他有觀點，表達方式可以慢慢學習。

但比較難克服的就是「不敢」這個問題。

為什麼小朋友會「不敢」表達觀點呢？

原因往往是害羞，怕說錯，怕人笑自己等等。

如何克服害羞，我們在前面的課程已說過，讓我們來談談「怕說錯」這一點。

最佳方法是告訴他們，世界上沒有百分百正確的答案，所以意見和觀點不會有對和不對。不用怕說錯，因為根本沒有絕對。但這個理論，對小孩子來說比較難明白。

所以可以用另外一個方法，就是給他們信心，自己表達的觀點是正確的。

這就是要鍛煉他們有博學之才。

只要腦袋裡有無數的知識，問他什麼都難不到他。好像中藥店裡的百子櫃，每一個抽屜裡都有珍貴的知識，就像「對症下藥」一樣，需要的時候，把抽屜拉開就有可以分享的意見。

只要有實力，信心也會跟著來。最怕是一知半解，活在恐懼中。

日常多點灌輸給孩子各方面的知識，一定可以幫他們克服「不敢」表達自己的問題。

孩子小時，我會不斷給他們吸收知識的機會，時常一起討論世界問題，政治、經濟、信仰等等，也問他們的意見。解決不了的難題，也向他們請教。

我時常讓他們和大人一起談話，很多時候，小朋友可愛的意見會令大家開心微笑，更有些時候發覺他們的意見反而很正確和新鮮。

記得在史丹福唸博士學位的時候，道德課程的教授問我，「什麼是一個好家庭？」當我說，有爸爸媽媽和孩子就是好家庭的時候，同學們都反對。因為有些家庭是單親，有些家庭沒有子女，也是好家庭。

我有點困擾，回到家裡，向當時三歲的大兒子請教。「你覺得什麼是一個好家庭呢？」他在洗澡，沒有答覆我。

後來當我們上床睡覺的時候，他對我說，「媽媽，好家庭就是你想起家人的時候，這裡，這裡……」他把小手放在自己的心頭，「想起家人時，這裡感覺溫暖就是好家庭。」他的觀點實在太棒了！

我回到學校，告訴教授和同學，他們都非常感動。

所以不要覺得孩子還小，不會有意見。

從小訓練他們擁有意見，勇於表達，對他們未來有很好的影響。

與你的孩子多交流，向他們多發問，用心聆聽他們的意見吧！這樣，你的孩子一定會變成一個有觀點，愛分享的人。你會發現你的身邊也多了一個好老師！

LESSON

04

孩子面對挑戰容易放棄怎麼辦

HELP YOUR CHILD
TO BE ACTIVE CHALLENGERS

這一課要講的話題是挑戰。這個詞很積極，我們都喜歡樂於挑戰自我的人。面對挑戰時，有些孩子會繼續努力，直到做好為止；有些孩子會容易放棄，不願意繼續做下去；更有些孩子會暴躁，發脾氣。

這些不同的反應是天生的嗎？是孩子的性格，是不能改變的嗎？

答案是：No。

孩子不願意做下去，可能有幾種原因。

最簡單的，就是他不喜歡做那件事。

如果他真的是不喜歡做那件事，我們不應該迫他。

當然如果是功課或測驗，即使不喜歡，也要培養孩子有興趣繼續做。

但如果只是興趣班或其他課外活動，要是他們不喜歡，不需要勉強。可以為他們找其他興趣。

另外一個原因，可能孩子覺得做來做去也做不好，有點氣餒，又怕失敗，怕別人看不起他，所以決定放棄。若是這個原因，我們可以改變孩子的思維，培養孩子成為一個能接受挑戰，不容易放棄的人。

史丹福有一位心理學家 Carol Dweck，她是研究「動機」和「堅持不懈」的學者。她發現孩子可以被分成兩類：

固定心態的孩子和成長心態的孩子。

固定心態的孩子，覺得做事的能力是天生的。他們認為，一個人天生下來就已經決定了能否做到某一件事。天生做不到的話，無論用多大努力也不會把那事做得成功。

所以當他們做一件事，不成功的話，就會覺得，「我沒有能力做，所以做下去也沒有用。」他們會覺得困擾，擔心自己看起來不聰明，於是逃避挑戰，選擇做容易的事。

成長心態的孩子則覺得，越挑戰自己，自己就會變得越聰明。他們相信智慧是可以培養的，多學多練，人會變得更聰明。

這些孩子明白，天才也必須努力。當他們遭受挫折時，會相信可以通過更多時間和精力來改善。

他們重視的不是天生的聰明，而是後天的努力。

你的孩子是「固定心態」，還是「成長心態」呢？

如果是固定心態的孩子，面對挑戰時，可能會很容易就放棄。但我們是可以把他們培養為成長心態的孩子的。

要改變的，是家長的態度。

小朋友的心態和思維，會受到家長的行動和言語影響。

譬如說，你的孩子做好了一件事，你是如何讚賞他的呢？

「你真聰明！」

「你是天才！」

「你頭腦太棒了！」

很多媽媽都會這樣讚賞孩子，鼓勵他們。

但其實，這種鼓勵的說話，反而會把他們變成「固定心態」的孩子。

因為這會令他們覺得「做得好是因為他們聰明」，如果做不好，就表示他不聰明。所以面對難題的時候，為了怕被人批評、怕被認為是不聰明的孩子，他們就會放棄不去做。

我們應該改變自己讚賞孩子的方法。

當孩子做一件事的時候，不要等他做完之後才讚賞他，而是當他正在努力的時候對他說，「你真努力，非常好！」

「哇！這件事非常難做，很難得你願意去挑戰。」

「你用這麼多時間用心去做，媽媽真佩服你。」

如果他做成功了，你可以說，「你的努力得到成果了！恭喜恭喜！」然後與孩子一起慶祝。

做不成功的話，可以說，「多用點時間，下次一定會做得好。」這樣讚賞孩子的方法，會令孩子明白，只要努力，就可以得到讚賞，並不是一定要成功，媽媽最喜歡看到的就是願意去接受挑戰的精神。

世上沒有得天獨厚這回事，成功是要自己付出努力的。孩子的思維改變之後，你會慢慢發覺他願意接受挑戰，也不會那麼容易放棄。

我時常鼓勵孩子們挑戰自己。

每次在做一件事的時候，不要去找最容易的方法，而是去找最困難，但最有成就感的方法。譬如說，暑期功課要寫去公園的感想。本來用白紙黑字寫下來就可以，但我會鼓勵他們用其他方法。

有一年，二兒子做暑期功課時，他對我說，「我想做一個立體的報告。就好像立體書那樣，一打開公園就會跳出來！媽媽你可以教我如何做嗎？」

其實我也沒有做過這樣的東西，於是兩母子花了很多時間去研究，他花了很多心思，也失敗了許多次，後來真的做成了一本打開後會跳出一座立體公園的書來！

不但老師驚喜，所有同學都覺得很好玩！他的努力得到很多人的讚賞，也帶給了人家很多快樂。那天他回家後的笑容，我現在也難忘！

孩子們的這種精神，到現在也是一樣。

我的大兒子去年結婚了。他在美國請客的時候，選擇了自己下廚為八十位客人準備食物。

我聽了很驚訝，「真的做得到嗎？」

他說，「媽媽我們應該選擇最難的方法。因為這樣可以有最大的成就感，而且會帶給人家最大的快樂。」

到了那天，他真的和新娘子一起下廚，總共製作了六道菜給八十名親戚朋友享用。大家都十分感動，氣氛溫馨，充滿著愛心。真是一場畢生難忘的婚宴。

婚宴後我告訴孩子，「太好吃了！每一分的努力，我們都能夠感受到！恭喜你！」孩子笑著說，「下次會做得更好。」新娘子說，「有下一次嗎！」我們大家擁抱在一起，大笑一場！

事大事小，勇於挑戰的孩子們會不斷成長，也會在生命中帶給自己和他人更多樂趣。

所以家長們，請改變你們讚賞孩子的方法，訓練他們做一個「成長心態」的孩子。那麼他們就會繼續挑戰自己，成長為一個前途無限量的「未來人」。

LESSON

05

孩子很難接受新環境怎麼辦

HELP YOUR CHILD TO ADAPT TO NEW ENVIRONMENTS

常聽到有媽媽說，她的孩子好像很難適應新環境，怎麼辦呢？任何問題，我們都要分析原因。

首先，孩子不能接受新環境是表示他缺乏「適應力」。

適應力強的人能夠根據自己的環境進行改變，擁有應對現狀變化的能力。

現代社會，適應力可以說是最重要的能力之一。

有句話說，「生命中唯一不變的就是改變」。無論我們如何努力去維持現狀，環境的改變是不會停下來的。在這個超速成長的社會裡，孩子們如果沒有適應力，就很難快樂地生活。為了幫助孩子做好面對社會的準備，我們一定要提高他們的適應力。

適應力是否很難培養呢？

答案是，No。

有很多媽媽都說，「孩子需要有規律的每一天。」

所以她們會從小為孩子安排好每一天的活動。譬如：

什麼時候起床；

什麼時候吃早餐；

什麼時候到公園；

什麼時候午睡。

她們會為孩子做好每天的固定時間表。上學，回家，休息一會兒，吃一點茶點，做功課，吃晚飯，洗澡，睡覺。

每天都是差不多的生活。

家長覺得這樣就是有規矩有規律，對孩子的成長有好處的生活方式。

其實這種一成不變的做法，會降低孩子們的適應力。

為了提高孩子的適應力，我們不要讓他們每天過同樣的生活。

每天過不同的生活，才可以令孩子的頭腦靈活，習慣隨機應變。

如果我們安排的節目，能令他們快樂，他們就會覺得轉變是好事，不需要抗拒，這樣他們的適應力就會提高。

一成不變的每天，會令孩子建立固定的「舒適區」，以後當他離開自己的舒適區就會感到困擾，也會憂慮。

如果他每天都過同樣的生活，吃差不多的東西，只見同樣的人，他們的偏好也會特別強。偏好強的人，適應力也會比較低，他們會說：

「我不喜歡吃這樣的東西。」

「我不喜歡坐在這裡。」

「我不喜歡和其他人說話。」

「我不喜歡這個房間。」

「我不喜歡這個地方。」等等。

為了在這個千變萬化的社會生存，我們希望培養出無論生活在冰山、沙漠、山頂、海邊都覺得舒適快樂的孩子。

這才是我們當父母可以為小朋友作出的準備。

在我的家裡，我會盡量令每天都是不同的。

我每天都會給小朋友一點驚喜，一點預料不到的事。譬如說：吃過晚飯，準備洗澡睡覺時，我會突然說，「我們到公園去踢夜球，好嗎？」就不管其他事，帶著幾個孩子到附近的公園去踢足球。

漆黑的公園裡，連足球也看不清楚，但真的玩得很痛快！回來洗澡睡覺，雖然睡晚了，但他們會睡得特別好。

爸爸也同意這個教育法，有些時候也會製造驚喜。

記得有一次他下班回來，突然說，「我們今天去看星星，明天不要上學了。」孩子們都覺得很驚奇！

「快些準備出發！」

我們馬上收拾行李，開車到郊外，一家人睡在地上看星星。

找一間民宿過了一夜，第二天請假不上學。

「一輩子那麼長，少上一天學沒有大關係。和爸媽看星星更重要呀！」

我們的孩子喜歡得不得了！

我們追求的，就是有驚喜和每天不同的生活。

孩子們習慣之後，不會覺得困擾，反而會覺得每天都十分有趣。

當然因為他們是學生，功課一定要做得好，課程的內容也要理解，考試的時候也要盡力，但這些都是生活的一部分，最重要的是每天都能夠感受和享受生命的喜悅。

為了不要給他們固定的「舒適區」，我們會教孩子在任何情況之下，都能自得其樂，舒適度過。

他們不會嫌棄簡陋的居住環境、人多吵鬧的地方、沒有現成的晚飯；他們不會埋怨天氣熱或冷、等不到巴士或沒有座位等等。

他們在陌生的環境中，也能夠找到自己的小天地，不會覺得痛苦。

「適應力」也關係著人與人之間的相處。

我們要盡量培養孩子們對別人有興趣，在任何情況之下，都要關心旁邊的人，不應該以自己為中心。

這個想法，會令他們自然的關注其他人，忘記自己。所以他們會很容易交朋友，得到朋友的信賴。

能夠這樣做的孩子，身處任何人際關係之間都能夠適應。

未來社會將會把我們的孩子帶到各種不同的狀況之下，我們要培養他們能夠適應新環境的能力。

LESSON 06

如何在家庭日常培養積極學習的孩子

HELP YOUR CHILD
TO BE ACTIVE LEARNERS

我知道香港升學壓力很大，爸爸媽媽們都很關注小朋友的功課，希望自己的孩子愛上學習。愛上學習，這個表達其實反映了我們在認識上的一個誤區。每一個孩子生下來就是喜歡學習的。因為學習就是生存，生存就是學習。對小孩子來說，學習是自然的反應，是存在於遺傳因子裡的行為。

小孩子要學習行走、說話、拿東西……這些都是為了生存必須要學習的事情，否則就無法成長。

孩子看每一件事都是新鮮的，都是第一次見到的，所以他們的好奇心是無限量的。基本上，不用父母催促，小孩子每天都在積極的學習。

也就是說，孩子積極學習的欲念是天生的。所以正確來說，不是需要「培養」積極學習的孩子，而是需要「維持」孩子積極學習的欲念。

要令孩子不失去積極學習的欲念，就要讓他們對每一件事都有好奇心，感受到學習的喜悅。

首先我們要理解什麼是學習。

學習，Learning。

學習是一個過程。

學習是積極的。

學習者觀看周圍的世界，並與現實互動，與他人交談，得到新思想，然後基於過往的經驗去理解新資料，建立新的知識。

所以學習永遠是自發的、主動的。

如果一個人不想學習，迫是沒有用的。

你可以教他，但他不願學的話，任何東西都學不進。

所以學習永遠是主動的、積極的。

明白了這個道理，我們就可以安心教導孩子維持積極學習。

兒童心理學的研究中，發覺從小學三年級以後，很多小孩子的好奇心和積極學習的欲念會慢慢低下來。

那麼我們當父母的，如何在家庭教育中，幫助孩子維持積極學習的欲念呢？

我可以給大家提供一些辦法。

第一，用書包圍孩子。從小培養小孩子喜歡看書，帶他們到圖書館，指導他們怎麼從書中找到喜歡的知識，令他們發現，當認識並理解新事物時，好像腦袋被點亮了一樣，那種感覺是興奮的，充滿刺激性的。當他們能夠親身體驗到這個感覺，就會覺得學習是一件非常好玩的事。

第二，給孩子教導別人的機會。教學是學習不可缺少的一部分，當孩子到了一個可以教別人的階段，就表示他真正理解了。「學以致用」，孩子會感覺到學了新知識，不但對自己有用，而且對朋友也有用。這會激發他繼續積極學習。

第三，令孩子覺得學習是玩耍，玩耍也是學習。有很多父母會對孩子說，「你先把功課做完，學習好了，我們才去玩耍。」這種說法，會令孩子覺得學習是責任，玩耍才是開心的，這會降低他們對學習的興趣。

所以我一直宣導，應該告訴孩子，學習也是玩耍，玩耍時也有學習的機會。

到小學六年級為止，我每天都和孩子們一起做功課。做功課的時候，我盡量把功課也變成一種遊戲，和他們一起，一邊說笑一邊做功課，降低他們對功課的抗拒和壓力。和他們玩耍的時候，也會盡量給他們學習新知識的機會。令他們發覺玩耍也是學習，學習也是玩耍。

第四，幫助孩子找到學習的榜樣。孩子身邊有沒有值得他學習的人呢？其實每一個人都是我們的老師。我教導孩子要向每一個人學習，有些時候是學習與他們做一樣的事，有些時候是學習不可以做的事。

現在互聯網上可以找到很多很好的老師和值得尊敬的人。我們可以教孩子積極向那些英雄和偉大的人學習。隨著孩子的興趣發生變化，他們的英雄會是不同的人物。但若他能找到一個可以學習的人，他會積極地去模仿和向那個人學習。

第五，讓孩子選擇學習內容。為了維持孩子的學習興趣，我們應該讓孩子選擇他們喜歡學習的內容。如果他喜歡音樂，就讓他學習音樂。如果他喜歡舞蹈，就讓他學習舞蹈。就算孩子沒有特別的興趣，也一定有喜歡做的事。

譬如，喜歡說話的孩子，可以培養他學習各種語言。喜歡吃東西的孩子，可以培養他學習營養學。如果你的孩子是喜歡睡覺的，可以鼓勵他研究睡覺的科學。

你可以向他們指出，世界上有很多知識，都在等著他們去尋找。

第六，讓孩子們現場體驗。當孩子學習了某一樣東西之後，盡量給他體驗的機會。

譬如說，他學了某個歷史人物，那麼就帶他們到博物館，看看那個人留下的東西。如果學習了有關海洋的知識，就帶他們到水族館，看看水中的生物。

當他們用五官來感受知識，他們對學習會更有興趣。

第七，在孩子面前表現出你對學習的興趣。你可以時常給他介紹你學習到的新知識，表現出你是多麼喜歡學習，學習令到你的人生多麼豐富。孩子聽多了就會模仿你的做法。

第八，瞭解你孩子喜歡的學習方法。每一個小朋友，都有他們擅長的學習方法。有三大學習方法，可以分為「聽」、「看」、「感」。

有些小朋友喜歡用耳朵聽，有些小朋友喜歡用眼睛看，有些小朋友喜歡用身體感覺。小心觀察你的小朋友喜歡用什麼方法學習，用適合他的方法教導他，他吸收新知識就會快很多。

第九，不要演說要討論。當你教導孩子的時候，不要演說，應該用討論的方法。多讓孩子發表意見，和你一起解決問題。不要把你知道的答案先說出來，讓他自己去尋找。找到答案的時候，要獎勵他。這樣孩子會感受到知道是自己學習的，不是你教他的。這樣他會更加積極的去學習。

以上的方法，可以幫助你的孩子維持他天生的「積極學習」的欲念。

最後我們應該告訴孩子，學習是終身的，不是年輕的時候才學習，什麼年歲的人都應該學習。

因為學習就是生存，生存就是學習。在每一個人生的階段，我們都需要新知識來維持我們的生活，令我們的人生更有意義，更豐富。
所以積極學習不是一種選擇，而是一種維持生命必須的習慣。

LESSON

07

培養樂意承擔家務責任的孩子

HELP YOUR CHILD BE HAPPY PARTICIPANTS OF HOUSEWORK

上一課講的是如何培養積極學習的孩子，這個問題爸爸媽媽們都比較重視。但是我要強調的是，孩子做家務也是非常重要的功課。這一點可能許多家長會不以為然。但家務並不是無關緊要的，孩子是家庭的一部分，家務是家庭生活的重要方面，讓孩子做家務是非常自然的。

那麼，如何培養他們自動自覺去做家務呢？

首先最重要的，就是要讓孩子對家庭有「歸屬感」——Belongingness。要令孩子感覺自己是家庭的一部分，讓他感受到爸媽和兄弟姐妹的關懷和愛護。進一步要令孩子知道家人「需要」（Need）他。家人需要他的關懷和愛護，大家要齊心合力令家庭的運作順利。

有「歸屬感」和感覺到「別人需要自己」，這兩種因素，是促使孩子貢獻和承受責任的動力。

如果孩子擁有這兩種感覺，他就會願意為家人著想，做家務也是其中一部分。

為了增加孩子們對家的歸屬感，首先要讓他們覺得家是一個溫暖、安全、

舒適和隨時都想回到的地方。

家是孩子的巢，孩子的窩。家長先要把這個窩子做好，令孩子珍惜這個家。

平常一家人盡量在家裡度過多些時間。

多在家做飯，和孩子一起吃。

在家裡一起看書，談話，玩遊戲。

多邀請朋友回來家裡，讓孩子感受到家是一個快樂的地方。

可能你的家不寬敞，但也可以把它收拾得乾乾淨淨，讓孩子們覺得舒適。

家長把家務做得好，孩子也會模仿，願意幫助你把家保持得清潔和舒服。

孩子對家有親切感，就會覺得有責任去保護家人，維持家裡舒適的環境。

如果孩子回到家裡時常沒有人，平常不在家裡吃飯，家裡打掃得也不乾淨，坐立不安的話，相信孩子不會對家有好感。

沒有好感的話，要孩子自動自覺去做家務，就很難了。

爸爸媽媽的愛、兄弟姐妹之間的和諧相處，也是孩子自願做家務的條件。孩子如果不喜歡和家人相處，就不會積極做家務。家裡人的關係要好，否則孩子會失去「歸屬感」。

另外，如果爸爸媽媽或爺爺奶奶平常包辦全部家務，孩子就會覺得沒有需要幫忙。所以從小要培養他感到自己所做的家務，對家人有很大的幫助。

很多家長為了令孩子參與家務，會用分工合作的方式。就是說，各有各的責任。

譬如，媽媽做菜，孩子洗碗。爸爸拿垃圾到外面，孩子把髒衣服放進洗衣機等等。

但這個分工合作的做法，並不是最理想的方法。因為孩子會覺得做完自己的本份，就不需要去幫助其他人。

我的方法是：家裡的事是每一個人的責任。每一個人都有責任做任何家務。

所以每一個人要有全部包辦的覺悟。無論是洗衣服、燒菜、收拾房間、打掃等等都是自己的責任。

如果其他人幫你做了任何家務，就要感謝他。

放學回到家，媽媽已經燒好菜，如果媽媽不在家，孩子就要做菜。所以要感謝媽媽。

早上起來，爸爸已經做好了早餐，就要感謝爸爸。因為如果爸媽都病了，其他家人就要起身煮早餐。

衣櫃裡有乾淨的衣服，要感謝爸媽。因為原本洗全家人的衣服是全家人的責任，不但要洗自己的衣服，也要洗爸媽的。爸媽給你洗了還收好在衣櫃裡，要感謝爸媽！

這個想法，令孩子在日常生活中有感恩之心，有空時會自動自發的去做家務。

學校放假的時候，他們會在家中做完所有家務，讓爸爸媽媽有一點休息時間。因為我們家裡的宗旨是，「誰有時間就誰做」，「大家一起做就會做得特別快」，「有人為你做了，你要感謝」。

當你做一件事，收到他人的感謝，你會覺得很開心。所以當孩子做了家務，我們都會一起感謝他。譬如他在吃飯之後，收拾桌子，把碗碟洗乾淨，我們一家都會感謝他。譬如，他放假早上早點起來，給花草澆水，我們也感謝他。因為大家都覺得家務是自己的責任，並不只是爸媽的責任，所以孩子們覺得有責任去做家務，也樂意和我們一起做家務。孩子明白到，因為有家人，才可以做少一點家務，大家一起做家務是快樂的事，一起做也可以輕鬆一點。

這個做法很管用。有些時候我做完工作，趕緊回家做晚餐，一打開家門，發覺孩子已把晚餐做好，我心裡會感到非常感謝，多謝孩子幫我做了晚餐。他們就會說，「媽媽，這是應該的。你不是家裡唯一的廚師，我們都是啊！」

有些時候，我把廁所洗乾淨後，發覺孩子也剛好準備做清潔。他們看到乾淨的廁所，也會多謝我。

孩子們早上太忙，沒有收拾房間，回來發覺已整理好，他們也會感謝我。家中的事，全部是自己的事。

從小教給孩子這個思維，他們對家務就不會有太大的抗拒。做家務是對家有感情的表達。

首先孩子要愛家，愛家人，感覺到自己被愛和關懷，就會覺得做家務是值得的。

LESSON

08

培養不受金錢束縛的孩子

HELP YOUR CHILD NOT TO BE CONTROLLED BY MONEY

在今天的社會，有很多爸爸媽媽都很重視從小培養孩子的理財觀念，這當然是很好的。但是在培養理財觀念之前，我覺得要教給孩子正確的看待金錢的態度。

現代社會把金錢當是萬能的，拜金主義令很多人忘記自我，不擇手段的去賺錢。年輕人，甚至小朋友也受到這個潮流影響，認為有錢就是快樂，認為有錢就是幸福。

這是真的嗎？

答案是：No。

首先我們要讓孩子們明白，什麼是金錢。

當世界上還未有貨幣之前，我們是以物易物來得到需要的東西。自從有了貨幣之後，我們才改為用貨幣來買。

但如果錢不能買到你需要的東西，錢就失去價值了。

金錢的價值，與周圍環境有關。

譬如二百萬港元，在香港買不到房子，但在內地一些省份，能夠買得到。

在香港，吃一碗麵需要四十元，在北京可能二十元就可以吃得到。這二十元在非洲或其他國家，可能可以買到更多東西。

起初貨幣的價值，取決於政府的黃金儲備，你可以拿一百美元到美聯儲，獲得同樣價值的黃金。但自從各國放棄使用黃金為標準來估計其貨幣之後，需求和信心成了貨幣的基礎。

強大的經濟體制會擁有更好的貨幣匯率，如果國家發生戰爭，或在國際社會上失去了信任，貨幣的價值就會下降。雖然有很多錢，也買不到需要的東西。

所以其實貨幣並不是資本，貨幣只是用來購買商品，而資本是有持久性的財富。

我們要讓小朋友明白，有錢並不表示你富有，需要擁有的是永久的資本。

那什麼是永久的資本呢？

這就是教育孩子不受金錢控制的最大課題。

當我教育孩子的金錢觀時，我不是教導他們如何賺錢、用錢和儲蓄，而是教給他們金錢買不到的貴重東西。

我告訴他們，「金錢可以買得到的東西，其他人可以用更多金錢把你的東西買走。但金錢買不到的東西，才是你一生的寶貝，生命的資本。」

從小我不會買玩具給我的孩子們，而是用很多不用錢的遊戲和他們玩耍。

譬如，頭腦遊戲。由一數到三十，每個人最少要說一個數字，最多說三個，說到最後一個數字的人就輸。

類似這樣的遊戲可以訓練他們的頭腦。

或是用手玩遊戲。兩手先自己拍一下，和對方對拍一下，再拍大腿一下，把手反過來對拍兩下。然之後一直加倍拍下去。越拍越快，又緊張又興奮。

其他如捉迷藏、跑步、游泳等，可以鍛煉身體，永做不厭。

晴天，我們會玩踩影子遊戲。

下雨時我們跑到公園，在小河上放葉子，看誰的葉子游得最快。

我們去看星星月亮的變化。

春天期待花開，夏天種茄子黃瓜，秋天到山裡找紅葉，冬天盼望下雪做雪人。實在有太多好玩的事，是不需要用金錢的。

孩子們習慣了這種玩耍的方法，從來都沒有要求買玩具。

有些時候朋友送了玩具，他們玩了一會，就會厭倦。

他們告訴我，「媽媽，玩具只可以玩一會兒，但你的遊戲永遠都可以繼續玩下去。」

用自己的腦袋和身體去玩耍，不但能夠鍛煉他們的頭腦和運動能力，更能夠讓他們知道不是用錢才可以買到歡樂時光。

我時常跟他們說，「家庭的愛、友情、善良的心、勇氣、感動的瞬間，這些才是可以令生活豐富的財富。但這些都是金錢買不到的。」

我告訴孩子們，「如果你想得到富裕的人生，要追求的不是物質上或金錢可以買到的東西，而是金錢買不到的無價寶。」

教導孩子自得其樂，不受金錢束縛，是父母能夠留給孩子最大的財產。

那麼如果有錢，應該如何去用呢？

我是鼓勵孩子們投資在爭取吸收知識的機會，或是可以留下美麗回憶的經驗。

「有機會深造的時候不要猶豫。」

「能和家人和朋友相聚時，不要放棄。」

我教孩子們不需要羨慕別人有錢，因為幸福是在心中。

貪你的錢而和你交朋友的人，並不一定是真心的。

貪你的錢而和你談戀愛的對象，也並不一定可以帶給你幸福的人生。

外表是膚淺的，應追求的是無條件的友誼和愛情。

因為我的這個宗旨，孩子們都不追求奢侈，也不會買名牌的東西。

因為平常生活樸素，所以當他們開始工作之後，各自有自己的積蓄，也學會了如何把積蓄投資，生活過得十分平穩。

我告訴他們，只要用心工作，追求理想，不怕吃虧，金錢上的財富會跟著來的。金錢上的財富不是必要，但如果是應得的報酬，不需要抗拒。

但有了金錢，也不一定能得到快樂，所以財富只是人生中的一小部分，不能當作目標。

「絕對不能夠讓金錢控制你的幸福，你是自己的幸福主宰。一開始依賴金錢，你就會變成金錢的奴隸，失去自由。」

我們都希望孩子能過安穩的生活，有足夠金錢去換取需要的東西，所以培養他們能夠自力更生是重要的目標。

但千萬不要灌輸給他們「金錢是萬能」的想法。因為這種思維，會令到孩子永遠不滿足，找不到真正的幸福人生。

LESSON

09

培養樂觀積極的孩子

HELP YOUR CHILD TO HAVE A POSITIVE AND ACTIVE ATTITUDE

現在的世界，比以往任何時候，更需要樂觀主義者。人口膨脹、競爭激烈、缺乏資源、衝突常發……沒有樂觀的思維，難以面對未來。所以我們要培養孩子成為樂觀積極的人。

什麼是樂觀主義者呢？

樂觀主義者，對未來有希望和信心。

他們的生活比悲觀主義者美好。研究表示，相信自己能夠成功的樂觀主義者，在實際生活中，的確傾向比較成功。因為他們不容易感到憂慮，所以患病的次數較少，壽命也比較長。

反過來說，悲觀主義者時常擔心最壞的事情發生，對未來沒有希望。好事發生了，仍會憂慮。壞事發生了，更是不知所措。

悲觀消極的小朋友，會不相信自己的能力，不會積極的去發揮自己的潛力，這是非常可惜的。

見到半杯水，樂觀積極者會說，「真好！還有半杯。」悲觀消極者會說，「糟了！只剩下半杯。」同樣的情況，也有不同的看法。

有些證據表明，樂觀是遺傳的，憂鬱症也有遺傳的因素。

那麼，家長可以幫助孩子變得更樂觀積極嗎？

答案是：Yes。

悲觀的人遇到不理想的狀況，會有四種想法：

一、永久性：壞事是常常會發生的，永遠不會停止。

二、無處不在：壞事在什麼地方也會發生。

三、針對自己：壞事總是會發生在自己的身上。

四、無能為力：自己沒有能力去改變壞的情況。

首先我們要向孩子解釋，挫折不是普遍性的，也不會隨時隨地發生，更不是針對他的。而且他有足夠的能力去改善情況。

悲觀主義者往往覺得自己是受害者，我們要告訴孩子這不是事實。有些事是因為運氣不好而發生，譬如天災，是可能發生在每一個人身上。有些事是自己帶給自己的挫折，例如考試不溫書，得了零分。但無論如何，我們必須相信自己可以面對和改善情況。

譬如說，星期天，本來約好孩子去釣魚，但剛好那天下大雨，不能去。悲觀的孩子就會說，「我一早就知道這會發生的。我永遠都倒楣！所有的壞事都發生在我身上。」他感到失落，不能控制情況，覺得毫無希望。

這個時候，你可以跟他說，「我們也很失望。但下雨天也有很多好玩的事呀！我們去看電影，然後搭巴士到郊外，等雨停了看彩虹吧！我知道有一個地方，時常有彩虹出現的。」這個解釋是讓孩子明白：一、失望的不單是他；二、下雨不一定是壞事；三、雨是會停的；四、而且可以利用下雨得到好結果。

這會令孩子知道，發生在自己身上的事，要變成好事或壞事，是自己可以決定的。

壞事也可以變好，好事也可以變壞，視乎我們如何處理。

悲觀的態度只會令情況變得更差。

要教育孩子，即使壞事發生了，我們也要從中看到一些好結果。

例如，考試考得不好，是表示有學習的空間。做錯了的地方，重新溫習，知道自己的缺點，是一件好事。

如果和朋友吵架了，是給自己一個機會去學習道歉和原諒他人。這是幫助提高 EQ 的好機會。

諸如此類，我們要教孩子能看到雨天之後的彩虹。

這就是樂觀者的強處。

要孩子有樂觀積極的思維，當父母的要以身作則，不要說太多負面的說話。

譬如說，「不用想了，哪有錢去留學。」這就是消極的說法。「雖然沒有錢，但一定有辦法的。」就是樂觀積極的說法。

「我沒有上大學，一定找不到工作。」是悲觀的看法。「雖然沒上大學，一定有適合我的工作。」這就是樂觀的看法。

父母的悲觀思維，是會傳染給孩子的。所以家長也要擁有樂觀的思維。

活在人世上，我們都會遇到很多挫折。但如何面對這些挫折，會影響以後的人生。

太樂觀會不會有一點不實際呢？

答案是：No。

有研究證明，樂觀的人會自己鼓勵自己，發出力量，積極從事，成功率也高。

有很多運動員，在出場之前，會對自己說，「我能做得到！我能做得到！」

心理學家也相信這種自我鼓勵是有用的。

所以如果你的孩子特別消極和不相信自己能力，你可以教他用說話來自我鼓勵。

我的兒子們小時候，要上臺表演時會怯場。我教他們在手心用手指寫一個「大」字，大膽的大，然後把那個「大」字吃掉。吞下後對自己說，「我不怕！我一定做得好！」我告訴他們，「那你就不會怯場的了！」

這好像是一個笑話，但每次都有效。

其實我也是每逢有大型音樂會的時候，也會在手掌上寫一個「大」字，把它吃掉，對自己說，「你不怕！你一定做得到！一定會做得好！」這個做法，每次對我都有效。

教孩子自我鼓勵，是幫助他們積極行動的方法。

樂觀積極的思維，是父母可以送給孩子們的「永久之火」。讓他們在人生路途上，永遠看到光芒。

未來是光亮的！因為我們已做了這個決定。

LESSON 10

如何教孩子在最黑暗的時候找到光明

HELP YOUR CHILD
TO HAVE THE ABILITY
TO FIND LIGHT IN DARKNESS

人生不是一帆風順的，總會遇到黑暗的時刻。孩子會遇到，我們大人也是，黑暗不可避免，我們要教給孩子的，是找到光明的能力。

教孩子在最黑暗的時候找到光明，就是教孩子如何去「希望」。

父母是孩子的第一個希望，也是孩子最初的依戀對象，會從父母那裡得到安全感。

對孩子充滿愛和關懷的父母，可以養育出擁有希望的孩子。相反父母的愛不夠的話，孩子社交時會退縮，不能承受壓力，不能自助，容易導致絕望。

首先作為父母，應該誠實的做個自我評估。

你是一個充滿希望的人嗎？

你喜歡和他人有聯繫嗎？

你覺得這個世界安全嗎？

你的人生觀會直接影響你的孩子，成為他們的感情核心。

所以首先你要問一問自己，你是否一個能在最黑暗的時候找到光明的人。

感覺到希望是一個互惠的過程，你的希望提高，你孩子的希望也會一樣提高。

很多心理學家都指出，孩子在幼年期需要可以信賴的保護人。那人是父母也好，是爺爺奶奶，甚至保母也好，當他需要的時候，有人在他身邊給他食物，呵護他，他對他人的信賴就會提高。這個信賴就是他希望的基礎。所以從小我們一定要為孩子建立一個安穩的生活環境。

希望是從哪裡來的呢？

希望的英文是Hope，古代來源於Hop。

Hop有從一個地方跳到另外一個地方的意思，這個字眼表示出，只要有「希望」，就可以從一個地方跳到另一個地方。

從一個黑暗的地方，跳到一個光明的地方。從一個被束縛的地方，跳到一個自由的地方。從一個戰爭的地方，跳到一個和平的地方。

希望就是可以積極選擇更好的路徑。

人最怕的就是絕望，沒有其他方法。

如果我們能夠從一個地方跳到另一個地方，就表示我們有能力尋找好的結果。

所以我們要教孩子們相信，無論在如何黑暗的深夜，太陽一定會升起來。

冬來春必至，不用失去希望。

但現實並不是那麼完美的，有些時候真的覺得找不到出路，也看不見光明。

所以我們要教孩子一些建立希望的具體方法。

首先我們要灌輸給孩子知道，人生是有很多選擇的。

我們應對每一件事的時候，並不是只有一個方法。

譬如，爸爸去世了。我們可以選擇哭泣，也可以選擇如何扶持媽媽，也可以選擇向親友求救，更可以選擇做以上所有的事。

面對困難的時候，要清理一下腦袋，看看自己面前有什麼選擇，自己什麼時候都可以從一個地方跳到另一個地方。

我們也要培養孩子有想像力。因為有想像力的人，容易擁有希望。如果不能想像未來，人會容易感到絕望。有想像力的孩子在黑暗之中，也能夠想像到不同形式的光輝。這份想像力能夠幫助他們在最難受的時候，有勇氣面對現實和期望未來。要培養想像力，可以從小給他們說故事。譬如，孩子小的時候，我每晚都會和他們說一個我自己創造的故事。故事的主人公，是一隻企鵝媽媽，她走遍全世界，尋找迷失了的小企鵝。

我每天晚上都會叫孩子給我幾樣東西，例如蘋果、帆船、蛋糕等等。當晚的故事裡面，這三樣東西就會出現。他們特別喜歡聽到自己提出的東西。慢慢我讓孩子跟我一起創作，企鵝媽媽每天晚上都會遇到困難，我和孩子們一起為她解決。

這一種沒有書本，沒有文字，沒有圖畫的創作過程，可以鍛煉孩子的想像力，讓孩子有能力處理難關，幫助他們從黑暗中找到光明。

還有一個可以幫助孩子從黑暗中找到光明的方法，就是讓他知道，無論他的遭遇有多悲慘，在世上還有比他更悲慘和痛苦的人。無論他失去了多少力量，他還有可以幫助他人的能力。

在最黑暗的時候，要教孩子忘記自己的痛苦，為他人著想。因為當人把所有注意力放在自己身上的時候，會給自己更大壓力，透不過氣來。在最黑暗的時候，應該把自己的能量放出，先忘記自己，看看如何幫助他人。

能做到多少做多少。如果只能走出一步，就先走那一步。走出一步之後，就能夠看到新的世界，就會發覺希望已經在面前，這就走出了自己細小的世界，能「Hop」了。

人生有光亮的時刻，也必定有黑暗的時刻，真正的強者是能屈能伸，能適應環境的人。

但最堅強的人，就是在什麼情況之下，都充滿希望的人。孩子是否能夠擁有希望，關鍵在於父母。我們要成為一個充滿希望的人，做孩子的燈塔，在黑暗中帶來光亮。

II

社會交往能力的培養

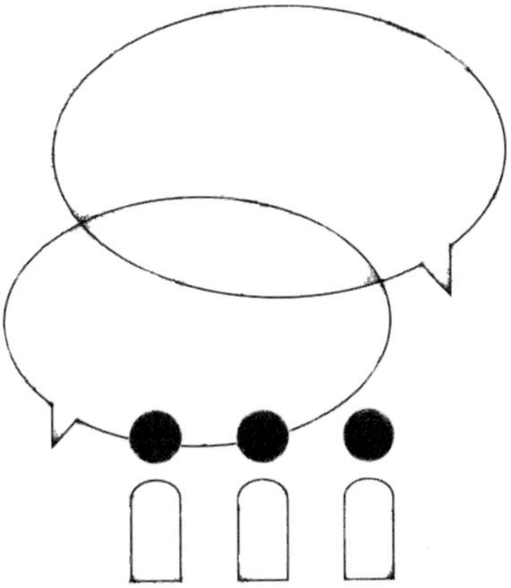

PART TWO

SOCIAL SKILLS

LESSON

11

培養懂得尊重他人的孩子

TEACH YOU CHILD
TO RESPECT OTHERS

能尊重他人的孩子，才能真正的尊重自己，和受人尊重。

為了教你的孩子尊重他人，你需要尊重你的孩子。

孩子不是父母的附屬品，父母也不是孩子的奴隸。

父母是養育和保護孩子的責任者，直到孩子能夠自立為止，親子要互相尊敬，互相幫助，互相感謝大家的存在。

如果家長在家中打罵子女，不尊重他們的話，子女到外面也不會尊重他人；如果家長因為太愛惜孩子，讓他們放肆，不尊重父母的話，他們到外邊，也不會尊重他人。

受尊重的孩子，也會尊重他人。

能尊重父母的孩子，也能尊重他人。

父母要教導孩子，每一個人的價值都是一樣的，每一個人都是重要的生命，所以我們要尊重每一個人。

無論身份高低，是男是女，什麼種族，都要用同樣尊重的態度去接觸。

童年是孩子們瞭解世界的關鍵時期，包括如何與人相處。

學得不好，會影響一生。

社交能力高的孩子能夠和人合作，慷慨對待朋友，可以表達自己的感受，並且同情他人。

但最基本的對人關係，就是能夠尊重他人。

當父母的要積極的教小朋友尊重他人，最佳的方法是用自己作模範。

父母如果能夠尊敬他人，孩子也會學得很快。

如果父母時常對人有禮貌，孩子也會對人有禮貌。

如果父母只是對比自己強大的人有禮貌，但對比自己弱小的人沒禮貌的話，孩子會覺得這是正確的對人態度，就會有樣學樣。

譬如你對餐廳的服務員態度囂張，孩子就會覺得他不需要尊敬為他服務的人。

所以我們要謹慎考慮自己的行動，成為一個能尊重他人的人。

家長做不到的話，不要期待孩子做得到。

有位朋友，她教她的兒子一定要尊敬父母，但她對自己的母親卻非常無禮。她小的時候，因為怕被父母打罵，所以裝著尊敬父母。但到她長大成人之後，就對父母非常無禮。

現在她生了小孩，那位小朋友，從小已不尊敬她。她很不滿意，不明白為什麼孩子不尊敬她，但她沒有自覺到，孩子是看到她對公公婆婆的態度而學習如何看待父母的。

這是一個負面的連鎖，所以當父母的一定要做一個好榜樣。

要記得，孩子最大的模仿對象就是父母。

當家長的要多關注別人，不要說人閒話，不要在背後批評人家，不要歧視任何人，不要不守規矩，不要嫌棄與自己身份不同的人等等。

那麼，父母的行動好就夠了嗎？

答案是：No。

我有一位朋友，她在上海一家酒店的大堂內，碰到一位小孩子。那時她坐在大堂的椅子上。小孩子跑到她的面前，跟她說，「這是我的椅子，剛才我坐著的，快起來給我坐。」我的朋友很吃驚，沒有理會他。小朋友十分憤怒，走來走去，「這是我的，快站起來！」我的朋友不願意站起的時候，小孩子就說，「我叫媽媽買走這張椅子，不給你坐！」

他媽媽回來，見到兒子在吵，有點尷尬，但也沒有責備孩子，也沒有向我的朋友道歉。

我們聽了這件事，真的有點失望。現在的社會風氣，令孩子變了霸王，不守規矩，不懂禮節。但要怪的並不是孩子，是孩子旁邊的人。

為了孩子的前途，家長真的要非常小心。就算自己沒有教小朋友不禮貌的事，但在旁邊的人也會對小孩子有影響。

所以只有自己做得好是不夠的，要用言語告訴孩子什麼是對或不對。

我們要積極的教導小孩子去尊敬別人，不可以消極的讓他們學了壞習慣。見到他們的行動不對的時候，要當場向他們解釋，指出他們的錯誤。否則孩子們會繼續在一條錯的道路上行走。

能夠尊敬人的孩子，具有高度的自我價值感。因為他明白不需要與人比較，對自己有良好的感覺。能接受自己的孩子，會很容易積極的幫助人，善良的對待他人。

我時常告訴我的孩子，千萬不要當人是透明的，要關注旁邊每一個人。

譬如，上廁所，有人在打掃，應該說一聲，「辛苦了！謝謝你！」

譬如，在學校打掃校園的員工，如果你有時間，可以幫他一起打掃，告訴他你感謝他的勞動。

如果在街上，見到有需要幫助的人，應該上前問一問，「我可以幫得到你嗎？」幫得到，就是最好，被人拒絕，也無所謂。

我告訴他們，「微笑是免費的。盡量保持寬容，讓大家知道你是友善的。關心人家，是每個人都可以做到的。

與人打招呼，是很容易做得到的事，卻能令他人非常快樂。

孩子們曾經問我，「為什麼要做這些事？」

我告訴他們，「做這些事，就是在表示我們尊重他人。表示你知道他的存在，表示你高興見到他，願意為他服務。這就是對人處事的基礎。」

LESSON

12

你是一個值得信賴的人嗎

TEACH YOU CHILD
TO BE A TRUSTWORTHY PERSON

信賴是品德教育的核心之一。不受人信賴的人，交不到真心的朋友，做事時也難得到他人的信任，公私兩方面都會受挫折。

如果孩子學會了用說謊或背叛親友來保護自己，他的人生就會變成一個又一個謊言的連續，慢慢自尊也會降低。

所以我們要從小訓練小孩子成為一個值得信賴的人。

讓我們先瞭解一下信賴是什麼，信賴是由四個主要特質組成：

正直：守法道，言行一致。

誠實：不會說謊，忠於傳達真相的人。

可靠：遵守諾言，履行承諾的人。

忠心：不會出賣別人。

那麼我們如何教孩子們培養他的信賴性呢？有幾種方法可以學習。

一、家長成為好榜樣。

首先父母不要撒謊，做了承諾，就要實現。要守規矩，不出賣朋友。

父母成為一個正直、誠實可靠和忠心的人，這樣孩子才會信任你，依靠你。有信任和依靠的對象，他們才會學到依靠自己和信任自己。不相信父母的孩子，很難學習信賴。

二、教孩子謊言會傷己害人。

孩子們需要明白，欺騙的行為會帶來數不盡的痛苦。說了一個謊，為了不被人發現，就要繼續撒謊，不知不覺成為一個虛偽之人，時常提心吊膽，怕人揭穿自己真面目，在面具後過徬徨的人生。受人信賴是件好事，不受信賴是可怕的。問心無愧的人生，才是快樂的人生。

三、相信孩子。

父母要信任孩子。如果他們沒有贏得你的信任，你就要教他們用什麼言行，才能夠得到你的信任。

孩子只有在被信任後，才能學做一個誠實的人。所以父母必須相信孩子，相信他們是好的，深信他們是有能力的。就算他們撒謊，也要相信他們能夠改過。父母的信賴，直接影響孩子是否能成長為一個被信賴的人。

四、分享你的感受。

孩子說了謊，你可以告訴他們你是多麼傷心。因為你愛他們，所以你需要信賴他們，也需要他們信賴你。孩子明白謊言會傷害愛他的人，他就會反省。

五、不要苛刻的責備。

當孩子做了不誠實的事時，不要過分責備。因為孩子會為了逃避責備，不敢對你說真話。

所以你應該告訴他，他無論做了什麼事，你對他的愛是不會改變的。當然他錯誤的行為是不能夠接受的，一定要改過，但你對他的愛，是永遠不會減少的，所以什麼話都可以跟媽媽說。

六、為他們提供機會。

讓孩子有機會表達他們是值得信賴的人。例如交給他們一項任務，讓他們證明自己是可靠的。完成任務時，和他們一起慶祝，充分表示你如何的信賴他。

這些方法是每天都可以做的，但想要孩子明白這些道理，並不簡單。

我也曾經遇到孩子說謊的經驗。

第一次發覺大兒子說謊，是在他二年級的時候。他把考試的結果藏起來不給我看，過了幾天，我在他的背包裡找到試卷。我問他為什麼不給我看，他說，「考得不好，我怕你失望。」

我很吃驚，原來孩子竟認為他考得好我才會高興，他考得不好我就會失望。其實並不是如此。他考得好與不好，我愛他的程度是不會變的。我只要知道他是努力過就可以了。

但孩子怕失去我的歡心，竟然說謊。

我和他坐下談了八個小時，解釋給他知道媽媽的愛是無條件的，而說謊是非常危險的事。因為說了一個謊言，為了不被揭穿就要說另外一個謊言。為了第二個謊言不被揭穿，就要說第三個謊言。如此這般，人生就會成為謊言的連鎖，令自己和家人之間拉開距離，回頭一看，媽媽已經很遠，看不到了。

當初他不大明白，但反覆的解釋之後，他終於明白媽媽無論如何也是愛他的，不需要向媽媽說謊。因為做得好，做得不好，做得正確與否，媽媽都會在身邊，和他一起反省或一起高興。說了謊，人與人之間的關係就會越來越疏遠。

我還告訴他一定要做一個正直的人，否則其他人就不會信賴他。不被信賴的人，慢慢就會變得孤獨，沒有人會跟他玩，沒有人會做他的朋友。

我們一邊談話，又哭又笑，又休息，又吃一點小東西，但真的前前後後說了八個小時。說完之後，兩人累得要命，擁抱在一起睡著了。

但經過那次討論後，大兒子真的成長為一個坦白正直的年輕人，直至現在也很受人信賴。

二兒子和小兒子和我作了同樣的討論，都是當我第一次發覺他們說謊的時候和他們坐下來談的。

要小孩子明白這個道理並不容易，但當父母的一定要努力，否則第一個謊言會變成第二個謊言，第二個謊言會變成第三個謊言。所以當我們發覺時，就要讓孩子知道絕對不能撒謊。

為了讓孩子成為一個遵守諾言的人，我們對他們承諾了的事，一定要做。

譬如，答應了和孩子去騎單車，雖然剛好那天特別累，不想去，但也不可以隨便放棄定下來的諾言，即使多疲倦也要遵守。如果真的做不到，就要和孩子好好的商量，讓他們理解，否則孩子就會覺得原來諾言不是很重要，不履行也沒關係。

我時常教導小孩子不可以出賣別人。如果是自己做錯了，一定要承認，不可以把責任推到其他人身上。親人或兄弟做錯了事，自己也有部分責任，那時候一定要挺身而出，大家互相幫助一起改過。

所以他們三兄弟的感情特別好。

有一次當爸爸要懲罰二兒子的時候，大兒子和小兒子竟然跪在地上，哭著為二兒子向爸爸求情。我當時非常感動！

直到現在，他們三兄弟的感情依然非常好，互相信賴互相依靠。能夠互相信賴、互相依靠是一種非常幸福的感覺。如果你希望孩子能夠擁有幸福的人生，培養他們成為一個被人信賴和能夠信賴他人的人，是非常重要的。這項品德教育，基本要在家庭進行，所以父母必須承擔這個責任。

LESSON 13

給孩子足夠的玩耍時間

GIVE YOUR CHILD ENOUGH PLAYTIME

玩耍在小朋友的成長中是必須的。因為通過玩耍，小朋友能學會如何做人。大部分生存需要的基本能力，都能從玩耍中學習得到。

通過玩耍，小朋友能學會守規矩、運用腦袋、想像力、控制情緒、強健身體、交談、表達自己、愛護別人等等。

從玩耍之中更能學到與人相處的方法。擁有出色社交技能的孩子，可以找到很多方法獲得他們想得到的東西。不但容易交到朋友，還能找到導師，學會如何處世待人。

玩耍中小朋友可以學習到成功的喜悅，和失敗的痛苦。

可以說玩耍是人生的預習。當他長大了，面對真的失敗和成功的時候，也會知道如何處理。

我們要分清楚，這裡談的玩耍是「自由玩耍」——Free Play。不是由大人監督的玩耍，而是小朋友可以無限制的去玩。

但大量研究發現，在過去的幾十年裡，兒童「自由玩耍」的時間大大減少。大約同時期，從九十年代以來，兒童的IQ分數上升，但創造性思維卻降低。尤其是從幼稚園至三年級的學生，跌幅最高。兒童的情緒表達能力、口頭表現、幽默感、想像力，都一律降低。研究者指出，這是與「自由玩耍」的時間減少有關係。

更有一個針對九至十歲兒童的研究，發現做得比較多有氧運動的小朋友，大腦發達得較好，注意力和記憶力會有優勢。沒有足夠運動的小朋友，大腦的發達程度則比較差。因為自由玩耍的時間年年減少，專家怕一部分小朋友的大腦會退化。

為什麼兒童「自由玩耍」的時間越來越少呢？

一方面是因為學校的要求越來越高，令小朋友功課增加，玩耍的時間減少。另外一方面是家長們的憂慮。因為每個家庭的孩子人數減少，家長把所有注意力放在一兩個孩子身上，希望他們能出人頭地，所以會盡量給孩子多些機會吸收精英教育，例如興趣班、補習班等等。更有些家長因為工作太忙，為了找人看管孩子，把孩子每天的活動排得滿滿的。這些活動對孩子也許是有得著的，卻令他們能「自由玩耍」的時間越來越少。

當孩子在一群人之中學習時，他不可以自由發揮自己的想像力，也會被周圍的指導者限制他的行動，只能在課程的範圍之內思考，而且很多時候都會被比較。

但其實孩子需要完全沒有規限的空間來發揮自己，這樣他才可以自由發揮出真正的潛力，家長也可以觀察到孩子的特長在哪裡，更可以看到孩子究竟最喜歡做什麼。

孩子在自己設計的玩耍中找到樂趣或得到讚賞的時候，會得到很多信心，令他有勇氣繼續接受挑戰和放膽表達自己。

無目的地跑來跑去，爬高爬低，是小孩子的身體和智慧健全發育的重要條件。運動能幫助新陳代謝，刺激身體的成長，令他們胃口也好，血氣也足，不但對身體健康有益，而且精神上也會開朗。太長時間坐在室內或聽大人說話，並不是健康的生活。每天一定要給時間小孩子到外面玩耍，否則他們的抵抗力會降低，無病都會變成有病，反而影響其他活動。

小朋友有很多需要發洩的精力、活力和體力，每天都需要時間去釋放這些力量，否則他們會覺得煩躁、不安定，也會睡得不好。

人類是天生喜歡活動的動物，尤其是小朋友，需要時間釋放精力，鍛煉身體，這樣他們才會健康強壯。

去年美國的小兒科醫生學會發表了研究，擔憂小朋友沒有足夠的自由遊戲時間，會令他們身心的成長出現障礙。

聯合國兒童基金會也留意到這個趨勢，提倡每天給小朋友至少一小時自由玩耍的時間。

在這一小時，他們做什麼都可以，但不是用來玩消極的遊戲，如打手機、電子遊戲或看動畫等等，而是積極的遊戲如跳繩、打球、演戲、和夥伴玩遊戲、跳舞、跑來跑去，什麼都可以，讓孩子們盡情自由的去玩耍。

當我的孩子小的時候，無論做什麼事，我們都會當是一種遊戲。

每天放學後，他們都會到公園玩一小時才回家。回到家後，做功課和溫書時，我也盡量把這過程變成遊戲一樣。因為我相信童年應該是快樂的，每天都應該充滿著玩耍。我希望讓孩子感覺到每天都是很刺激，很興奮的日子，每晚都捨不得睡覺，每天早上都想快點起床。這就是我的理想。

所以在孩子小時候，我是一個非常好玩的媽媽，一家人每天都在想著如何玩耍，因為從玩耍之中，我們可以學到所有在人生中需要的東西。

玩耍是百利而無一害的，是在小朋友的生命中不能缺少的東西。快樂的童年就是不遺憾的童年。玩耍的時間絕對不是白費的，盡情的去和孩子玩耍吧！你一定不會後悔的。

LESSON 14

談校園霸凌

如何和孩子

DISCUSS BULLYING WITH YOUR CHILD

首先家長一定要清楚什麼是欺凌。大多數的孩子都有被戲弄的經驗，如果是在俏皮和友好的氣氛中，互相愛護，兩方面都覺得很有趣的話，就沒有大問題。但是當戲弄變得有傷害性和不友善，就一定要停止，因為那已經變成欺凌了。

什麼是欺凌呢？

欺凌是用身體、語言或心理方式故意折磨對方。

有些時候是打人、推人。有些時候是威脅、嘲笑、勒索金錢或物品。有些時候是不理睬或散佈謠言。更有些時候是利用媒體來嘲笑和傷害他人。

校園欺凌，其實所有人都參與其中的。欺凌人的學生、被欺凌的學生、旁觀的學生、老師、家長，都是有份參與的。

在史丹福攻讀博士學位的時候，我們也討論過有關欺凌的事。

有一位學友，為了研究博士論文，到日本的學校觀察。

班裡有一位小朋友，是需要拐杖輔助走路的。每天他都看到有些學生會欺凌這位小朋友，可是因為他是一個旁觀者，不可以插口，所以就沒有告訴老師，只是靜觀其他小朋友和老師的行動。

但有一天，在校園裡那一群霸王，圍著那位小朋友，拿走了他的拐杖，把他拉到圈子的中間，然後說，「爬過來拿！快爬過來拿吧！」把他的拐杖傳來傳去。那位小朋友爬來爬去也不能搶回拐杖。我的學友看不過去，搶回拐杖還給了小朋友，然後對其他學生說，「你們怎麼要這麼兇？不應該欺凌弱小的同學！」趕走了霸王們。被欺凌的小朋友拿回拐杖，多謝也沒有說一句，就走了。

學友覺得事情嚴重，找到班主任，告訴他這件欺凌的事。

班主任不但沒有感謝他，反而說，「請你不要做多餘的事。那位殘廢的小朋友，需要學懂怎樣去保護自己。所以這種訓練是必須的，請你不要插手！」

我們的教授問我們，誰是誰非。

大部分學友都覺得老師是不對的，應該用全力保護小孩子，也要責備和懲罰欺凌小孩子的那些霸王。

教授問我的意見的時候，我說，「這老師是不合格的。原因是他未有做好老師的本份。當然要保護受欺凌的小朋友，也要責備和教導欺凌人家的霸王，但他犯了最大的錯就是沒有教導旁觀的小朋友幫助他人。小朋友不可以看到也不出聲，或因怕事而不敢報告，更不可以覺得不關我事、我沒有責任去理會。作為一位老師，他自以為訓練弱小兒童成為堅強的大人是最重要的，卻忽略了教導其他大部分的小朋友。所以他是失職，他不理解他的責任」。

教授和學友都非常同意我的意見。

防止欺凌最大的關鍵，就是零容忍，Zero tolerance，包括老師、學生和家長。校園欺凌是每一個人的責任，這種思維可以防止嚴重欺凌在學校裡面橫行。

欺凌發生的時候，我們一定要非常嚴肅的處理，因為這對受害的小朋友會有嚴重的影響。他會失去安全感和自我價值感，嚴重的情況，欺凌可以導致不願上學，甚至自殺。所以我們不可以當是一件等閒的事。

為什麼小孩子會欺凌人家呢？

有很多種原因，有些時候是他們需要有一個受害者來發洩自己的不滿；有些時候是用來示威，希望更受歡迎；有些時候是因為他們在生活中也受到同樣的對待；更有些時候是受電視或動畫裡的暴力所影響。

但大多時都是因為他們從欺凌人家之中得到優越感。無論如何，欺負別人的小朋友，心理並不平衡，需要心理輔助。

受欺凌的小朋友，很多時都不會告訴家長或其他人。因為他們覺得羞恥、尷尬或不想父母擔心。

但我們可以留意一些警告信號。

譬如小孩子比平常看起來特別焦慮，不吃東西，睡得不好，對平常很喜歡做的事情也不感興趣，容易情緒化，心煩意亂，或逃避坐校車上學，甚至不願上學。這些警告信號出現的時候，要和小孩子清楚討論一下，他是否受到欺凌。

發現小孩子被人欺凌的時候，我們要冷靜的告訴孩子，不是他的錯，不需要覺得羞恥。有問題的不是他，而是那些霸王。叫他不要害怕，一定能找到解決的方法。

進一步你可以瞭解情況，若果十分嚴重，需要與校方聯絡，請老師和其他同學保護孩子。

若你認識對方的父母，可以坐下來和他們商量如何處理。不要一開口就警告他們，而是以父母的心來告訴他們，被欺凌不是一種教育；欺凌人家的小孩子，心理上需要調整，特別需要父母的說明。

當我與兒子們討論欺凌的時候，我會先解釋給他們聽什麼是欺凌，告訴他們不要欺凌人家，受到欺凌的時候一定要向父母報告。但最重要的，就是如果他在學校裡面，看到有人被欺凌，一定要回來和父母商量，看看如何幫助被欺凌的小朋友，因為欺凌是每一個人的責任。

有一次，當大兒子發現校內有欺凌時，他真的來告訴我。我先靜靜的安慰了受欺凌的小朋友，也告訴了她的媽媽。我們告訴欺凌者的媽媽的時候，她們都很驚訝，不知實情。後來大家合作教導孩子們改過了。事情解決後，我還記得我到校園一個一個的擁抱那些欺凌人家的小朋友，多謝他們明白事理，愛惜他人。以後，到他們小學畢業為止，沒有再發生欺凌了。

有些家長會對孩子說，「為什麼你那麼沒用！人家打你，你就去打他吧！」這不是一種好的教育方法，因為這是助長互相傷害，而且孩子會覺得是自己沒用。

也不要說，「管他怎麼說也好，不要理會他。」孩子會覺得非常難受，不能容忍。我們要理解他的感受，不要當成小事，要積極的幫他解決。

在美國和日本的學校裡，欺凌也十分普遍。有些孩子因此不想上學、自殺，甚至反過來傷害別人，釀成槍殺事件。

所以不要小看欺凌的嚴重性。為了防止下一個悲劇，我們和孩子一定要好好理解，明白和有面對欺凌的勇氣。

LESSON

15

日常討論社會新聞的重要性

TALK ABOUT SOCIAL ISSUES WITH YOUR CHILD

教導小孩子對社會和世界產生興趣，是培養有見識和有主意的孩子的基礎教育之一。

關注社會大事，可令小孩子明白自己是地球的一分子，令他能夠想像在各種情況中生活的人，感受到世界的脈搏，在無意識之中建立一個珍貴的知識庫。

家長可以和孩子們一起看新聞，解釋新聞的內容，問問他們的意見。

看到犯罪事件，可以告訴他什麼是對和不對。

看到偉大的人說話，可以討論當中的得著。

看到善良的活動，可以證明世上有很多好人。

看到煽動性的新聞，或不負責任的謠言，可以告訴孩子要小心看清楚新聞的內容。

吃晚飯時，可以向爸爸或在場的大人提起和孩子們討論過的新聞，問大人的意見。這樣，孩子會有機會聽到多方面的看法。

討論新聞是現場的社會教育，值得多多利用。

但給孩子看新聞時也要注意。有些小朋友看到天災人禍的恐怖場面，可能會受不了。隨著孩子的年齡，家長要小心觀察孩子的反應。

有些敏感的小孩子，他們看到殘酷的場面，晚上會做噩夢，害怕那件事會發生到他們身上。看到天災的畫面，會害怕到外面，甚至聽到一點聲音也會尖叫。所以父母要解釋給孩子知道，戰火中的畫面是在其他國家，不是自己的周圍。但我們要知道有很多人在受苦，要有同理心。

看到地震、海嘯等等天災的畫面，我們要特別小心告訴孩子，這並不是每天發生的事，只要大家準備得好，就不用害怕。

更需要教他們如何作準備。地震發生之前如何去防災，如固定傢具；睡著的時候要小心頭上不會有東西掉下來。平日要做好逃難練習，地震發生了可以做些什麼事，譬如應立刻關火，躲在桌下等等；在哪裡等爸爸媽媽，若一個人在家，應該如何求助等等。小朋友學習了這些東西後，就會覺得安心，有保障。

到小學高年級，小朋友會開始自己接觸社會上的新聞。有些時候是在學校裡，有些時候是在手機或電視中。那個時候，最重要的就是要知道他們看了些「什麼」新聞，盡量瞭解他們有沒有接觸到有害的情報。多和他們交談，鍛煉他們的判斷力。若有一些新聞他們不能太瞭解的話，可以和他們一起尋找真相。

到了初中高中，媒體會開始針對控制年輕人的思想。這個時候，父母更加要積極觀察孩子們有沒有偏激的想法，教導他們不要完全相信媒體。

有些情報會影響他們的人生觀和品德，所以要特別小心。

譬如，媒體上常常談及明星穿了什麼名牌，婚禮是多麼名貴，真好！真棒！真羨慕！孩子們就會認為這就是他們的人生目標。

媒體上也常常說，「某某明星的身材很窈窕，特別好看。」那麼女孩子就會覺得一定要很瘦才是好看。這都不是正確的想法，但年輕人很容易受到影響。

遇到這種情況，我們可以引導他們看看一些正面的新聞，讓他們的腦袋裡面有一種平衡，能有多一點人生的標誌。

從小我們家裡都是和孩子們一起看新聞的。我會坐在他們身旁，問他們的意見，討論新聞的內容，幫助他們瞭解世界。

到他們四年級的時候，每個星期，我都會叫他們從報紙上找一個他們覺得有興趣的話題，把那篇新聞剪下來，寫一篇感想。

這個方法，讓我知道他們對什麼事有興趣，而且可以訓練他們看報紙和理解當中的內容。

把關注新聞變成日常的習慣，會幫助孩子成為一個有責任的大人。在社會上與人交流的時候，有一個有深度的知識庫。

我的三個兒子，有熟讀新聞的習慣，也會從各種媒體裡看同一宗新聞，追求真相。這令他們能夠觸摸到社會的進展，變化的脈搏。因為他們知道潮流向哪一個方面去，所以他們能策劃下一個社會的潮流，在投資、工作或交友方面，都非常有利。

所以從小教導孩子關注新聞，會對他們的將來有非常好的影響。

如果你希望你的孩子成長為一個有意見、有主觀，又能創造潮流的人，現在開始和他們一起看看新聞吧！

LESSON 16

如何教孩子愛護他人

TEACH YOUR CHILD TO CARE ABOUT OTHERS

當我們教孩子愛護他人的時候，首先要教他愛護自己。不能夠愛護自己的人，也不會知道如何愛護他人。

很多時候我們會聽到這些說話：「因為他成績好，所以被愛護。」

「因為他長得好看，所以被愛護。」

「因為他有很多玩具，所以同學們都喜歡他。」

「因為到她家裡可以打遊戲機，所以她特別受歡迎。」等等。

這些想法，都是錯的！

我們要教孩子欣賞每一個人，不是因為他們能夠做到什麼，或他們是什麼膚色，他們好看與否，或他們擁有什麼東西，才去愛護他，而是每一個人都是值得愛護的。

為了要令孩子明白這個道理，我們先要無條件的愛我們的孩子，這樣他才能體驗到被愛的感覺，知道如何去愛護人。

其次，我們要讓孩子理解自己的感受，可以多問問孩子有關感受的問題。

譬如，你現在覺得怎樣？開心嗎？是怎麼樣的開心呢？是興奮的開心？或是得到獎勵所以開心？或是有機會關注人的開心？或是達到目的的開心？或是因為可以和朋友玩耍的開心？

鼓勵孩子用各種角度去形容一個感受，這樣孩子對自己的感受會有更纖細和深刻的印象，可以培養他成為一個感性的人。

能夠關注自己感受的孩子，對他人的感受也會特別敏感。

當孩子懂得愛護別人，就會感覺到什麼人需要他的安慰，會自發愛護別人，而且會細心和有誠意。

有很多遊戲可以幫助小朋友明白愛護別人的快樂。譬如：

一家人坐在一起，每一個人都有一支筆和一張紙。然後大家一起寫下形容你旁邊的人的十樣東西，最快寫完的人開始報告。這個遊戲是十分搞笑的，也可以知道小朋友心裡面是如何想著周圍的人。

若孩子發表的感受是負面的話，大家可以討論，為什麼他會這樣想。最後一家人會更加明白大家，能更真心的愛護大家。這個遊戲和朋友也可以一起玩，十分有趣的。

和小朋友一起閱讀有關友愛和愛護別人的書籍也是好方法。有很多兒童繪本是教導他們如何去愛護別人的。有些是快樂的，有些是感人的。選擇多些好書，和孩子們一起分享吧！除了書籍，也有有益的歌曲和影畫，都可以和小朋友一起欣賞，讓他們知道愛是一份喜悅。

家長更可以和小孩子一起做義務工作，讓孩子明白社會上有很多人需要他的幫忙。當他幫忙了別人，就會感受到愛人的能力。

我有一個遊戲，是時常和小朋友一起玩的。

因為我是聯合國兒童基金會大使，每年都會去需要援助的國家探訪小朋友。和他們交流之後，我會給他們一個功課，就是回家之後向家人說一句「我愛你」，但是要用外國語說出來！

譬如我會教他們用英語說「I Love you」，然後要他們一邊說一邊擁抱家人。孩子要說「我愛你」已覺得有點害羞，還要擁抱?!他們很多會表示抗拒。那個時候，我就會說，「你可以用我來練習一下的。」小朋友就會跑上來擁抱我，練習說「I love you」，可愛得很！

有些小朋友甚至去擁抱其他的義工朋友來練習。

每次做這個遊戲，我們都會被小朋友的熱情感動到落淚。

教導孩子如何表達愛護別人，會減低他們害羞的感覺。

我在義務工作中，會接觸到不同的「邊青」，就是有點品行問題的少年少女。我幫助他們改過的方法是首先全面的愛護他們，讓他們知道我接受他們的過去，但更期望他們的未來。無論他們過去做了什麼也好，只要他們改過，我對他們的愛是無限量的。

然後我就會找機會讓他們愛護和幫助其他人。

當這些少年少女發覺人世上有需要他們愛護的人，在得到他們幫忙後，真的感到快樂的時候，少年少女的眼睛裡會發出光彩。因為他們感受到愛的力量。那種愛是由他們自己發出的。他們確認了這正面的力量之後，很快就會改好過來。

要讓孩子知道，愛護別人時，得到最多恩惠的是自己。

每一個人誕生在世上，都有愛護別人的能力，這是生命之中最大的力量。無論在什麼情況之下，甚至當你病了，受傷了，也可以愛護別人。

如果你能愛人，就表示你有活著的勇氣和對未來感到希望。能無私的去愛人的人，會度過一個非常幸福的人生。當然這是非常難達到的目標，但我們可以告訴孩子，愛人是人生中最大的喜悅，所以有機會愛護別人的時候，絕對不要放過。

家長要全心明白愛的力量，因為愛就是人類生存的最大的力量。教導孩子愛護別人，就是引導孩子過一個有意義和有滿足感的人生。

LESSON 17

如何教孩子原諒他人

TEACH YOUR CHILD TO FORGIVE OTHERS

原諒他人並不是一件容易的事。

在心理學上，寬恕是其中一個特別難解決的課題。當別人傷害了我們，我們要原諒他人，才可以開始自我治療。如果我們不能原諒，就會加深傷口，令自己無法得到和平。

所以從小要教導孩子這原理，好使他們能有寬容之心，為自己為別人增加快樂和平。

讓我們先談談寬恕的構造。

當別人傷害了自己，但並不是故意的，或向自己誠意道歉的時候，原諒他人並不是太困難。

但當別人傷害了自己，又不願意對他的行為負責任，甚至堅持他沒有做錯任何事，這時要原諒他，就十分困難了。不原諒他，表示自己是對的，對方是錯的。如果原諒了他，就好像認同了他做的事。所以很多人不能容易原諒他人。

但堅持憤怒和怨恨，只會帶來焦慮和憂鬱。教導孩子快點原諒人，可以阻止孩子覺得自己是受害者。受害者的情緒會受怨恨和憤怒控制，令孩子不能做自己快樂的主宰，無法面對未來。

所以，寬恕別人並不是給被寬恕的人一個恩惠，而是給自己的一份禮物，為自己快樂而做的事。

那麼我們如何教導孩子原諒他人呢？

首先我們要告訴孩子，原諒並不是表示忘記或者贊同對方的行為。其實原諒就是，「我不喜歡或欣賞你的言行，但我願意放手。因為不原諒你，不能幫助我自己。」

我們更加要教孩子理解，為什麼那個人會做對不起自己的事。當孩子知道對方行動的原因，會比較容易原諒對方。

最重要的是要解釋真正的原諒，是沒有條件的。不可以說，「如果你給我拿書包一個星期，我就原諒你吧！」這不是真正的原諒，是敲詐勒索。因為真正的寬恕，應該是無條件的。

我們也要解釋一下不原諒他人會有什麼後果。怨恨令我們無法前進，陷入過去不快經歷的情緒中。如果你充滿苦澀，就會把這情緒傳給人，把你的痛苦傳染到其他人身上，對己對人都沒有好處。

孩子在成長期間，會體驗到和別人爭吵和鬥氣，這其實是一個很好的訓練機會。碰到這些事情時，讓孩子學習如何和別人和解，培養他們原諒別人。即使是小問題，都向他們解釋清楚寬恕的原則。

但是，家長不要強迫孩子原諒他人或接受道歉。因為原諒一定要發自孩子的內心，否則他會一直覺得不舒服，所以要給他機會說出他的感受。譬如，「樂樂，我生你的氣，是因為你吃了蘋果，又跟老師說是我吃的。下次你不要撒謊，不要埋怨我。但我這次原諒你，因為你已經道歉。」

讓孩子把原因說出來，會令他感覺到一種解脫，而且兩個人真的能夠和解。

寬恕是一種解放，如果我們需要別人改變才能得到快樂，我們就是一個囚犯。我們會被憤怒和怨恨所束縛，感到非常難受。

我們渴望對方向自己道歉，渴望他理解我們的痛苦。我們的要求集中在他人身上，但很多時候不能得到對方的同理心。

所以我們難過，不能控制情緒。但若果我們能夠原諒他人，就能夠開始愛護自己，為自己提供關懷。我們不一定需要他人的愛，才能得到幸福。

只要我們能夠明白幸福的主宰是自己，原諒他人就不會那麼困難了。寬恕就是選擇自愛，給自己自由。

我教孩子時，是採取以身作則的方法。我的父親有一句格言就是，「如果有人時常欺負你和做對不起你的事，那你就去祈禱，希望他得到幸福和快樂。因為當他得到幸福的生活，他就不會來騷擾你。」

也就是說，「希望對自己不好的人幸福」。

對年幼的我來說，這個理論很難理解。但長大之後，我覺得爸爸的說話是非常有高見的哲學，這種想法令我的人生更加充滿愛和寬容。

所以我也把這個想法灌輸給我的孩子。從小，他們不會猶豫去原諒他人。在我的記憶中，我沒有蓄意教導孩子原諒朋友。因為很多時候，他們會自動自覺的寬恕他人。

人長大之後，人際關係會越來越複雜。我希望我的兒子們，能夠保持這個思維，不會執著於仇恨和憤怒，讓自己的生活充滿正能量。

LESSON

18

如何在日常培養孩子的領導力

TEACH YOUR CHILD LEADERSHIP

不單每一個社會都需要有領導能力的人，其實每一個家庭都需要。所以就算孩子長大後，不願在社會上當領導人，在家裡也必須要有領導力。成為一個有責任的人，每一個人都需要有當領導者的準備。

那麼我們如何培養孩子成為一個有領導力的人呢？

什麼是領導力？

首先領導者需要能夠創造一個鼓舞人心的未來遠景，然後激勵人們參與這一個遠景，再用管理能力去建立團隊，一起把遠景實現。

在日常生活中我們可以鼓勵孩子有遠景，培養他們有動力，做一個願意為人服務，有同理心的人。還要他們有創造力，有力量去建立和管理團體。更加要有冒險精神，不怕失敗和擁有改進自己之心。

聽起來，這是一件非常困難的事。說實話，真的並不容易達到。但我們能用自己的力量，培養孩子的領導力。

首先讓我們做一個好榜樣。

如果父母在家庭裡或者在事業上能夠領導團隊，邁向同一目標的話，孩子就會學習到如何帶領他人。

在我們的家庭中，我的丈夫是一個有領導力的人。大家決定了目標之後，他會作好各種計劃，鼓勵我們參與。他會做出計劃A、計劃B、計劃C。計劃A不能進行的時候，永遠都會有一個候補方法，令我們心服口服的接受他的領導。

孩子們看到爸爸這種做事方式，學會了很多做領袖應該做的事。我相信爸爸的領導力對我的孩子們有很大的影響，讓他們知道用什麼步驟去帶領團隊達成目標。

孩子小時候，我鼓勵他們參與小組活動，讓他們根據自己的興趣來選擇，譬如體育運動、音樂藝術、義務工作、烹飪等等。小組活動是一種珍貴的體驗，因為他們可以看到領導人如何帶領團隊，又能夠明白隊員的心理。當他們有機會當領袖的時候，就會更加瞭解如何帶領團隊。

我的孩子們都有參與小組活動，棒球隊、足球隊、羽毛球隊、學校裡的合唱團、演藝班等等，從中學會團體精神。等他們到了高年級，他們都是學生領袖，負責帶領新生。

每一個領導者都要學會與人妥協的方法，就是能夠商量，能付出，也能夠得到自己應得的條件。所以多些和孩子們討論如何解決問題，讓他們明白世界上不是每一次都可以從心所願，很多時候要懂得讓人，但有些時候也要堅持。一方面教他們接受人家的意見，一方面也要懂得如何說服他人。

所以當孩子想做一件事的時候，就算我本來就贊成，但我仍會問：為什麼我們要同意他的意見？給他們機會來說明、說服我。這個做法會令他們探討自己的意見是否合理，也可以鍛煉他們如何解釋清楚自己的想法。

要教導孩子作出正確的選擇，因為人生就是選擇的結果，所以要多給他們機會做聰明的選擇。我們家裡從小訓練孩子作出自己的選擇，先給他們選擇的材料，然後讓他們自己作決定，是好是壞也要自己承擔後果。

要鼓勵孩子不怕吃苦，答應了做的事，一定要承擔。而且要覺得有機會工作，是一種機會。為了培養孩子們擁有這種思維，我是以身作則去教導的。

我時常表示有工作是幸運的，不是因為有很好的報酬所以去做，而是當我覺得這工作是值得的話，我就會全力以赴。不單是全力以赴，而是以十二成的努力去做。這樣才可以學習到更多東西，而且會給別人驚喜。

和孩子們多玩遊戲，讓他們嘗試成功和失敗的滋味。勝敗都是人生必經之路。在遊戲中讓他們知道如何大方接受失敗，和成功的時候要謙虛待人。我和他們在家裡玩遊戲的時候，絕對不會因為他們是小孩子而讓他們。我會認真和他們競爭，當初他們是會輸的，但很快就會開始贏。當他們開始贏的時候，我會找一些更難的遊戲，讓他們重溫失敗的味道。重複這樣做下去的時候，他們就會學習到無論輸或贏，都要用大方的態度接受，從中學到很多處世哲學。

為你孩子找尋多些導師，這將會是他們最寶貴的財產。

不只可以從導師身上學到很多東西，導師也會成為他們最好的智囊和商量對象。我時常為孩子們介紹不同人物，當中有些人特別喜歡他們。到現在他們都各有導師，令他們的人生更有安全感。

說到這裡，相信大家已經明白其實當一個領導者，需要很多條件。但我們可以在日常中幫助孩子擁有領導力。不是每一位小朋友都喜歡作為領導者，而且領導人的方法也是各有不同。

大兒子的領導方式像爸爸，用充足的準備和策劃令大家對他有信心。二兒子的領導方法是收集大家的意見，然後推動各人去相信自己的能力，一起追求達到目標的途徑。三兒子是用他的正能量，吸引大家協助他達到目標。

你的孩子也一定能夠找到自己的領導方式。

其實我自己也不是一個領導人的材料，但當了媽媽之後，就不知不覺成為了一個領導者。因為我需要在很多情況下帶領我的孩子，又要有遠景，更要鼓勵孩子和我一起達到大大小小的目標。

當媽媽之後，我發覺自己的領導能力提高了很多。一方面學習做一個領導人，另一方面去培養小孩子做未來的領導人。因為我希望在有需要的時候，他們能夠為自己，為他人做出聰明的選擇，帶動自己和他人，尋找到快樂和幸福。

LESSON

19

談性
如何和孩子

TALK ABOUT SEX
WITH YOUR CHILD

很多家長都覺得和孩子們談性非常困難，但我鼓勵家長，從小與小朋友談及生命的神秘。

我記得，當大兒子三歲時問我，「BB是從哪裡來的？」我告訴他，「BB是在媽媽的肚子裡面成長，成長到可以面對世界的時候，就會從媽媽的肚子裡走出來。」

他問我是不是肚子打開，然後小BB走出來。我告訴他，「不是的。每一個母親在大腿之間，都有一個小洞。BB是用頭通過很狹窄的隧道，從那小洞出來的。媽媽會用力幫助BB從那個小洞誕生出來。」我告訴他，「你也是這樣誕生的。你可能記不得，但你是非常勇敢和媽媽一起成功的誕生到這個世上的。」

他又問我，「為什麼肚子會大？」我告訴他，那是爸爸給我的禮物。爸爸給我種子，和我的卵子結合在一起，就會變成BB，慢慢在媽媽的肚子中成長。

後來，我再次懷孕的時候，會和他一起看著我的肚子一天一天的大起來。我告訴他BB在媽媽肚子裡面成長，「你看，他在踢媽媽的肚皮！」「來，我們為BB唱歌。」讓孩子期待小生命的誕生。

當小弟誕生的時候，哥哥喜出望外。

我鼓勵家長們早點和小孩子談談生命的誕生。用他們明白的說法，解釋生命的來源。

孩子到九歲左右，我會向他們解釋荷爾蒙的影響，告訴他們當進入青春期時，男性荷爾蒙、女性荷爾蒙和成長荷爾蒙，會幫助他們從孩子變為成人。在這個階段，因為荷爾蒙的影響，他們的情緒會很不安定。但不要驚慌，因為過了這個階段，他們就有能力成為爸爸媽媽，幫助維持人類的存續。

有了這個基礎，當孩子到青春期的時候，就可以向他們解釋人體的分別，有男，有女。

當男女相愛，覺得可以承擔生命的責任的時候，就會通過性交，一起製造孩子。孩子就是他們愛的結晶。

性交行為的解釋，只需要很短時間就可以說完，但性的意義和後果，卻需要多一點時間去討論。

孩子們進入青春期，就會開始對異性產生興趣。我會解釋給孩子們知道，這是正常的，是對人類的存亡非常重要的。

但男女之間的性慾是有分別的。

從生理學上來說，生物會全力爭取在世上留下自己的遺傳因子。男性在一生之中可以製造很多孩子。所以他們會希望能和更多女性性交，增加遺傳因子留存在世上的機會。所以男生是積極的和攻擊性的。

但女性一輩子可以生小孩子的數量是有限的。所以女性會特別小心選擇對象，希望選到一個擁有健康和生命力強的遺傳因子的男性。所以女性是比較消極和保守的。

但現在的社會，性交並不是以製造 BB 為主要目的，而是一種愛的表現和滿足慾望的行為。

我會告訴孩子們要珍惜對方，珍惜自己，對性行為要謹慎。否則能從性交得到的滿足感，就不會是值得珍惜的了。而且若避孕失敗，懷了孩子的時候，要承擔當父母的責任。年輕人還沒有能力當父母的時候，不可以受慾望支配而輕易的進行性行為，應該要真的喜歡對方，能珍惜對方，才可以作出性行為的選擇。而且也要做好避孕的功夫。

雖然要教孩子謹慎，但也要讓他們知道，相愛的人之間能夠創造生命，是一件非常神奇和幸福的事。所以相親相愛的性行為是美麗的、珍貴的，和值得去尋求的。

社會上有很多誘惑和立心不良的人，所以要教孩子小心保護自己，不要墮入他人的陰謀，否則後悔也太遲了。

我們要教導孩子不能做加害人，也不要做受害人，鼓勵他們有什麼問題也和父母商量。

用正面和開通的心態與孩子們討論性，是非常重要的。因為現代社會有很多不正確的情報，為了不要讓他們對性有錯誤的見解，父母應提早讓他們知道，性行為並不是一件不可告人的事，而是正常和神聖的行為。

當我送孩子們到美國留學時，我對他們說，「No Drugs, No Booze, No Babies.」也就是說「不要吸毒，不要喝酒，不要製造孩子」。他們到現在還會笑我太擔心，但孩子長大後，面對社會的誘惑時，需要在腦袋裡有明確的標籤，好讓他們能控制自己。

請父母不要猶豫和孩子們談有關性的問題，因為正確的性觀念和知識，是保護孩子最好的方法。性行為的基礎應是愛人愛己，只要孩子能明白這一點，我相信他們會做出好的選擇。

LESSON 20

如何指導孩子的
戀愛和結婚

DISCUSS WITH YOUR CHILD
ABOUT LOVE AND MARRIAGE

戀愛和婚姻都是人生大事，但很多父母都沒有和孩子好好討論這兩個問題。

什麼時候開始談戀愛呢？

什麼時候適合結婚呢？

因為戀愛和結婚，都不是一個人決定的事，所以是很難控制的。

即使自己盡了全力，若對方不喜歡自己，也未必能夠得到完美的結果。

孩子到了青春期，自自然然會對異性有興趣。我們應該告訴孩子，這是正常的，可以喜歡對方。如果對方也願意和孩子交往，父母不應該制止。自由戀愛是年輕人的權利，當父母的不能夠過分干擾。但要令孩子明白，不可以因沉迷戀愛而放棄學業。

戀愛和結婚應該是同一條線上的延長，但很多時候，相親相愛的人也不能夠結婚。也有很多婚姻，是基於條件，而不是基於感情。

我鼓勵自己的孩子，不要受條件束縛，應尋找自己最愛的人作為結婚對象。

現代社會是一夫一妻的制度，理想婚姻是白頭到老，一生一世做夫妻。

那麼讓我們談一談，怎麼追求理想婚姻。

結婚不是希望對方令你快樂，而是你如何令對方快樂。

婚姻應該是給予，而不是接受。結了婚，就不可以自私，要為對方著想。不要問她會為我做些什麼，而是問自己可以為對方做些什麼。

婚姻是改善自己，而不是改變你的配偶。改變他人比改變自己困難多了，所以如果改善自己能夠令婚姻生活更幸福，應該積極的嘗試。

婚姻是寬恕，而不是堅持公平。雖然現在是男女平等的時代，但在婚姻之中，要看開一點。若果每一件小事都怕吃虧，雙方都覺得不公平，就很難得到幸福的婚姻生活。

為了保持婚姻的熱度，要多關懷對方，不斷一次又一次的愛上對方。否則婚姻就只是一種合約，不會再是一件快樂的事。

最重要的，就是要互相尊敬，互相諒解。

父母要告訴孩子，婚姻不是最終目的，而是一個新的開始。能與最愛的人結合，成為夫妻，建立家庭，創造未來，不但浪漫，而且是為社會作貢獻，為人類付責任的事，值得慶祝和感恩。

但結婚是一個非常大的決定。這不但是公開互相認同對方為終生伴侶，在法律上也會成為一個新的單位。一方面得到保障，一方面要承擔責任和接受限制。不只是兩口子成為夫妻，兩方的家庭也會成為親家。這個關連，不可忽視。有些時候更會有財產問題、和誰一起居住的問題、工作的問題、要不要孩子的問題等等。

父母應該和孩子說清楚，作出這重要決定之前，一定要有承擔挑戰的覺悟。若孩子還未有信心，就應該好好考慮。

正如上述所說，因為戀愛和婚姻當中有對方的存在，所以即使自己盡了全力，也可能會失敗。失戀對年輕人來說，不是一件壞事。可以當作一個經驗，再去尋找理想伴侶。

但離婚的打擊就會比較大，尤其是已經有孩子的家庭。

家長需要和孩子解釋，在現代社會，離婚不是罕見的事。但就算父母離婚，並不表示沒有真愛的存在，只是雙方未有找到最適合自己的伴侶。所以孩子可以放膽尋找真愛，安心的結婚。

社會上也有單親家庭。我們要向孩子解釋，雙親也好，單親也好，只要家人能夠互相支持，建立和諧的家庭，那麼都是幸福理想的家庭。即使自己是單親家庭的孩子，也不需要覺得自卑。若旁邊有單親家庭的朋友，也不可以歧視人家。

孩子小時候曾經問過我，「為什麼我的朋友只有媽媽沒有爸爸？」我告訴他，「有很多動物都是單親的。好像老虎、熊貓都是媽媽帶孩子的。那是自然的事，不需要擔心。他的媽媽真的是又堅強又勇敢！」

現代社會也有很多選擇不結婚的人。我們要告訴孩子，這也是人生的一個選擇，不可以評論他人。因為每一個人的人生，都有很多因素，是他人不能夠明白的。所以一定要尊重其他人的選擇。

我時常告訴孩子們，「在世界的某一個角落，有人正等著你發現她。找到的時候，你就會知道她是你的命運之人。」

大兒子真的找到了終身伴侶，在二〇一八年結婚了。看到一對新人相親相愛，甜甜蜜蜜，我也非常高興。

我對大兒子說，「重要的不是期望一生一世，而是要珍惜和妻子度過的每分每秒。」大兒子聽後，非常感動，「多謝媽媽給我的忠告。我一定會珍惜和妻子度過的每分每秒。」看著他誠懇的表情，知道他是真心愛他的太太，感到十分安慰。

我衷心鼓勵年輕人，大膽追求真愛。找到理想伴侶的時候，要有勇氣用全心全力去保護和愛護對方。在戀愛和婚姻的旅途上，可能會嘗到失敗，但每一次失敗，都會讓我們明白自己的短處和可以改善的地方，會縮短你和「命運之人」之間的距離。

愛人是每一個人都擁有的力量，希望你找到最適合自己的伴侶，一起創造幸福的未來。

III

美國頂級名校未來的教育趨勢

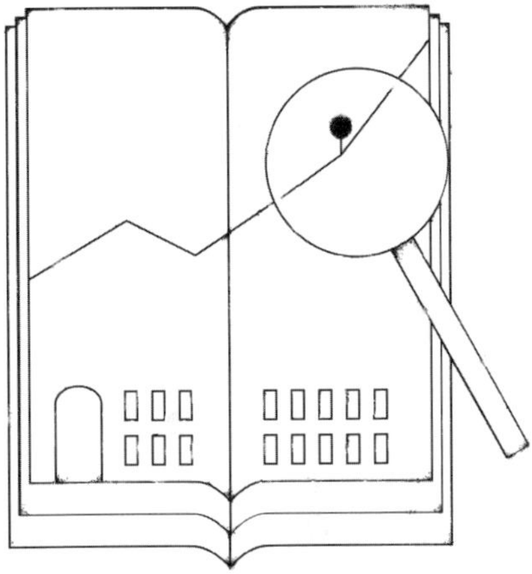

PART THREE

TREND OF CUTTING EDGE EDUCATION

LESSON

21

史丹福選拔的只是學霸嗎？

IS STANFORD LOOKING FOR STUDIOUS STUDENTS?

答案是：No。

史丹福選拔的是最有前途，可以為社會做貢獻的年輕人。

那麼對史丹福來說，什麼是最有前途，可以為社會做貢獻的年輕人呢？

我們要先瞭解一下，史丹福是一所什麼樣的大學。

史丹福大學位於美國加州，一八九一年創校，是一所私立研究大學，每年收取一千七百名本科學生，錄取率是百分之五。學生來自世界各地，男女比例大約各佔一半。加上研究生，全校一共有大約一萬七千名學生。教授陣營強大，一共有二千多名教授，其中有十九名諾貝爾得獎者，加上其他講師，師生比是一比七。

史丹福大學在世界大學排名中，常常在前三名內，近年更超越哈佛大學，成為美國學生最希望入讀的學校。

大學附近就是矽谷（Silicon Valley），全球 IT 界頂尖企業的集中地。蘋果、谷歌、臉書、英特爾等都是在矽谷起步、孵化和發展起來的。

史丹福與矽谷的起源和發展有深切關係，所以大學特別注重創業、創新和IT教育。比起在美國東岸的學府，史丹福校風自由，就業容易，自然氣候也非常舒服。

史丹福非常注重自由（freedom），學校的一句格言是：

「The wind of freedom blows.」（自由的風常吹。）

史丹福不是一間關注傳統的大學，而是一間面向未來的學府。

他們尋找有新思維的下一代，希望可以改變世界，令人類有更美好的未來。

那麼具體來說，史丹福大學想要怎樣的學生呢？

大學網站的首頁上，寫出了他們在選拔學生時注重的三樣東西，從中我們可以找到一點頭緒。

第一是：Academic excellence，學術卓越。

就是說成績一定要好，好到什麼地步呢？今年考上了史丹福的學生，都是全級成績排名前百分之二十的。

也就是說不一定要考第一，可是成績也不可太差。

第二是，Intellectual vitality，智慧活力。

那並不是單指一個人的智力，而是渴望利用自己的能力去尋找答案和新知識。換句話說，一個充滿智慧活力的人，會充滿好奇、懷疑和勇氣，去尋求真相。

好學不倦，以學為樂的學生就是有智慧活力的學生。

第三是，Personal context，個人背景。

史丹福喜歡選拔特別的學生。如果學生只是優等生，死讀書，並沒有其他值得一提的特點，即使成績很好，也未必能引起大學對他的興趣。

但如果學生有特別的興趣，如參加義工，或熱愛自然，或是家人之中第一個有機會進大學，或已經是發明家……

如果有特別的人生故事，大學會注意這些學生，增加他們被錄取的機會。

大學希望錄取對社會有興趣的年輕人，無論他們的專長是什麼，大學期待學生們能用他們的能力去改變社會，想出新的方法去改善世界。

我的三個兒子也分別考上了史丹福的本科。

那麼他們是學霸嗎？

答案也是：No。

他們是有「自學」、「好學」和「活學」之心的孩子。

在他們很小的時候，我就注重培養他們的好奇心和發問能力，提高他們「自學」的慾望，鼓勵他們挑戰自己去尋找知識。

做每一件事，不是要做得好，而是要做到自己滿意。

不需要找理由去學習，因為學習是一種享受，知識是一種恩惠。這樣的學習宗旨，推動了他們的「好學」之心。

學習應該與生活有關聯。每學到一件事，都會令生活有改善，多學一點，生活就會更好一點。「活學」就是這個意思。

這樣的學習心態，是他們的基礎，對他們在學校的表現也有相當的影響。他們都不是考第一的學生，因為他們的目的不是分數，也不是排名，而是吸收新知識。

但他們也明白考到好分數，可以幫助他們實現自己的夢想，所以成績一直是班裡最高分的百分之十。

他們在喜歡的科目上，時常受到老師們讚賞。

「協平是我在三十年教師生命中最出色的心理學學生。每次考試我都用他的答案來作標準。」

「昇平是出色的文學學生，他的文章我都存起來，給下一年的同學作參考。」

「和平對數學的理解力非常高，有他在課堂內，可以幫助帶動其他學生的水準。」

身為媽媽，我當然覺得驕傲，但最重要的是，從老師的評語中，我能感覺到他們對學習的喜悅。

這就是 Academic（學術）excellence（優秀）和 intellectual vitality（智慧活力）。

因為功課好只是考大學的其中一個條件，所以我時常鼓勵他們發展自己的興趣。

我的大兒子從小就是一個愛打抱不平、關注社會問題的人。他在學校是學生代表，有不公平的事發生時，他會很勇敢的發言，和大家討論，努力解決問題。他這種性格，被同學和老師，甚至家長信任。他在初中、高中都是學生領袖，還當上高中的學校大使。他看人看事很成熟，我相信報考史丹福的時候，在論文中也表達出他這方面的特長。

二兒子喜歡音樂，高中時就與音樂出版社簽了作曲合約。三兒子喜歡電腦技術，從小學開始就已經為學校設計網站。

三兄弟各自擁有特長和成就，而且都熱愛義務工作，為社會和地區做了不少貢獻。因為兄弟們都有個人故事和背景，所以能引起史丹福大學對他們的興趣吧！

因此，要考上史丹福或其他美國一流大學，單是學霸是不夠的，學生必須有與眾不同的條件。

你的孩子的長處在哪裡呢？

是一名「自學」、「好學」、「活學」的孩子嗎？

你的孩子是一個關心社會的孩子嗎？

你的孩子在考大學的時候已經為社會做出貢獻了嗎？

當父母的可以幫孩子尋找他們的長處，也可以培養他們成為「自學」、「好學」、「活學」的孩子，更可以鼓勵他們瞭解和關注社會，讓他們明白用什麼方法為社會做出貢獻。

如果你的孩子擁有這些能力，那麼，不單是史丹福，美國其他的頂級學府，也會歡迎他們就讀。

LESSON 22

創造力是未來社會的制勝核心

CREATIVITY IS THE CORE OF FUTURE ACHIEVERS

在飛速進步的現代社會，科學的發展已經不是加法，而是乘法了。也就是說，一種新的科技，可以令社會加速數十倍。

當父母的，有責任讓小孩子在未來社會找到自己的身份和地位，其中一個要教給孩子們最重要的能力，就是創造力。

在任何時代，創造力都是非常重要的，尤其是現代社會，更可以說是不可或缺的能力。

孩子們必須提出新的想法和見解，才能繼續前進。

通過互聯網，新舊知識可以同時在世界每一個角落互相溝通。溝通越多，新的主意越多。各種各樣的想法，就如化學反應一樣，產生出前所未有的新發明和新學問。

個人創造、集體創造，就是通往未來的高速公路。

如果小孩子沒有這份創造力，就會趕不上潮流，被時代淘汰。

有些家長會說，「創造力好像是因人而異的。有些人創造力特別強，但有些人是沒有創造力的。」

在表面看來，創造力好像是天生的、與生俱來的，但這是真的嗎？

創造力是可以培養的嗎？

答案是：Yes。

其實創造力的基本就是想像力。

愛因斯坦曾經說過，「智慧的真正標誌不是知識而是想像力。」想像力能擴展我們的世界，並且為我們帶來新的想法、發明和發現。

我們先來瞭解一下創造性的想像力。

創造性的想像力，就是能做出有突破性的東西，譬如寫出一首音樂，畫一幅美麗的圖畫，或發明一樣新科技等等。

研究表明，當孩子們多接觸有創意的活動，或其他人的高度創造性的時候，他們自己也會變得更具創造性。

當家長的，可以多給小朋友接觸不同類型的事物和人物。

我喜歡帶兒子們去美術館，看各種各樣的作品。有一些作品是寫實的，也有一些作品是抽象的，讓他們瞭解畫家想表達的世界，回家後發揮自己的感受。不一定是畫寫實的圖畫，可以是抽象的畫，也可以是一篇文章，或者是一首歌，甚至是一個舞蹈。

我也會給孩子們一張白紙，告訴他們用來做什麼也可以。有些時候他們會把它摺成一隻小飛機，拿到公園玩。

有些時候他們會用剪刀，把白紙剪成紙碎，在屋裡假裝下雪。

有些時候他們會畫圖畫，然後寫一些資訊給爸爸媽媽。

有一次孩子們拿著那張白紙，放到橙汁裡面，看看是否會變顏色。

有一次他們把白紙剪了一個洞，給我做了小帽子。

這些遊戲非常簡單，但可以培養小孩子的想像力。從什麼都沒有，到做出一些好玩的東西，讓孩子們相信自己是有創造力的人，感受到創造是非常好玩的東西。

我也很喜歡帶他們到科學館、博物館這些地方，讓他們接觸各種新發明和發明家的故事。讓他們知道世界上，有很多東西我們還未理解，還有尋找新知識和做新發明的機會。

教育理論提出，創造性的想像力其實是分兩個階段。第一個階段是思考各種各樣的想法——「散播思維」，也就是說與主題有關的想法，不論是什麼都好，都把它收集在腦子裡面。然後第二個階段，就是把這些想法融合起來——「融合思維」，慢慢去分析與主題有關連的部分。

第一個階段是直觀的，自由的，無限制的。第二個階段則是要深思熟慮和作出正確選擇的。

家長可以訓練小孩子習慣用這兩個階段的想像力。首先讓他們自由發揮，找尋自己腦袋內外的主意。無論有多麼荒唐，不合理也好，盡量讓他們用想像力去找新天地。

當他們有足夠的材料之後，要教他們如何運用那些材料，分析出一個只有他們能夠找到的答案。

其中一個我訓練他們用創造性想像力的方法是教他們做菜。

我讓他們選擇材料，無論什麼都可以，由他們自我發揮去做他們的菜式。有些時候做出來的菜式十分搞笑，也不美味，但不怕失敗也是培養創造性想像力的其中一個條件。

讓孩子們多嘗試，多失敗，反而會令他們更加有興趣去做一些新的東西。

以前的社會，有土地有能源就能夠控制一切。但現在和未來的社會，要有科技和不斷創新的人才，才能成為成功的國家。

我們的孩子就是十年後、二十年後的人才，所以我們從小要訓練他們有創造力和不怕失敗之心。

史丹福大學時常告訴學生們，「沒有人做過的事，你應該去做。人家做過的事，你應該可以做得更好。」

我覺得他們說得非常對，也時常向我的兒子說這句話。

我還會說，「什麼事都有改善的空間，用你的創造力，把社會變得更好吧！」

創造力不是天生的，是可以培養的。

年輕家長，請加油！

培養你孩子的創造力吧！

LESSON

23

必須具備的
歷史眼光

KNOWLEDGE ABOUT HISTORY
IS CRUCIAL

為什麼要孩子們具備歷史眼光呢？

因為只有這樣才可以看到過去、現在和未來。

每一個人都是歷史的一部分，是時間和空間的一分子。

沒有歷史觀點和眼光的人，得不到前人的經驗，瞭解不到現狀，預想不到未來，只能盲目的摸索進路，不但會浪費了貴重的時間，更會失去很多好機會。

而且沒有歷史眼光的人，不會向歷史學習，會重複前人的錯誤，作出錯誤的決策。

所以身為家長，我們有責任給子女們學習客觀性的歷史知識。

在教育理論上，歷史知識和身份教育有很大的關聯。

身份教育，Identity education，是育兒的必經之路。培養孩子們認識自己，接受自己，就是身份教育。

身份教育的基礎之一，就是歷史知識。有歷史知識才能認識自己，認識自己才能瞭解自己。瞭解了自己的背景，才能策劃自己的未來。

身份教育在美國和歐洲都十分普遍，但在亞洲學校裡，很多時候都被忽略。

身份教育會問孩子三條問題：

一、我是誰？

二、為什麼在這裡？

三、我應向哪個方向走？

「我是誰」，是從認識自己所屬的團體開始。譬如說，是男或是女，是哪一個國家的人，原籍是哪裡，爸爸媽媽是誰，姓什麼，上哪間學校，是否有宗教信仰，參加什麼興趣班，做什麼義工活動等等，都是自己的一部分。

要答以上的問題，並不容易。

單單是要解釋男人是什麼？女人是什麼？隨著歷史時代的轉變，答案已經不同。

「中國人」的概念是什麼呢？幾千年的歷史文化，實在有很多知識要理解和吸收。

認識自己的家鄉也不簡單。我爸爸是東莞人，我媽媽是貴州人，學習東莞和貴州的歷史也是一門學問。

諸如此類，要回答「我是誰」已經需要明白很多社會歷史上的問題。

「為什麼會在這裡？」

要回答這個問題，要知道這裡是哪裡。

香港是一個什麼地方？有足夠的水源嗎？空氣好嗎？有什麼產業？人口稠密嗎？

眼光放遠一點，我們都是中國人，中國是一個什麼地方？再放遠一點來看，我們是亞洲人，亞洲是什麼樣的一個地方呢？再看廣一點，我們都是地球人，宇宙人。要理解「這裡」的定義，非常有意義。

「為什麼會在這裡」的「為什麼」，又是另外一個問題。

要回答這個問題，需要理解近代歷史和家庭的背景。祖先的選擇或行動，如何與當時的時勢相關，直接影響到你的現狀。給孩子們解釋家族的歷史，可以令他們感到與故人的聯繫，知道自己的根，感受到歸屬感。

「我應該向哪個方向走？」

要回答這問題，就要瞭解世界狀況和自己的條件，更要加上自己的夢想。孩子們要認識社會現狀、政治體制、經濟變動等等，才能作出好的選擇。從小訓練小孩子對世界各地的動向感興趣，是非常重要的育兒方法。現在的世界，各國關係越來越密切，沒有一個國家可以單獨生存。換句話說，沒有一個人可以單獨生存的。

所以要知道自己應該向哪個方向走，就要看看其他人在走什麼路。你願意和其他人一起走嗎？或是希望自己創出新天地呢？

能夠全面性的瞭解社會，才能找到最適合自己的位置。

聽了上面這些解釋，家長們會覺得培養孩子的歷史眼光非常困難。對嗎？

答案是：No。

其實我們可以用很多日常的遊戲，給小孩子們灌輸歷史眼光。

在我兒子小的時候，我時常為他們唱中國的搖籃曲和兒童歌曲，說歷史人物故事，唸唐詩，背成語等等，讓他們在不知不覺中學習到中國歷史。

他們最喜歡的一個遊戲就是每人說一句成語，說不出來的人就算輸。他們特別喜歡聽成語故事，用這個方法學了很多成語。

因為我們的家庭是中日的跨國婚姻，他們的爸爸是日本人，所以我們會向他們灌輸日本的文化和歷史，也難免要解釋中日關係。雖然說起來非常複雜，但慢慢說，他們也能夠明白。

而我出生在香港，所以我也會帶他們回香港探親。回到香港，我會解釋什麼是殖民主義，為什麼香港會是英國的殖民地？這些歷史背景都一一解釋給他們聽。

我也曾經對他們講婆婆和公公的戀愛故事，讓他們瞭解在戰爭中年輕男女的艱苦日子，一方面讓他們明白家族的經歷，另一方面讓他們感受到自己是現代史的一部分。

可能當時他們不能夠完全明白，但這些話確實為他們今後看世界的眼光打下了基礎。所以他們到了青春期，對歷史特別有興趣，也能夠明白自己的身份。

無論身份如何複雜也好，只要孩子們能夠明白和接受自己，他們就不會自卑，也不會自大，能夠接受自己和別人。他們會用廣闊的歷史眼光去衡量現狀，不容易受人煽動，能夠擁有自己的意見。

雖然身份教育普遍是在青春期進行的，但也從小可以慢慢幫助孩子瞭解自己，瞭解社會和歷史。

有歷史眼光的人不容易迷惘或作出衝動的結論，身邊的人會覺得他是一個有深度和成熟的人。

其實歷史眼光是觀測未來的望遠鏡。這一件工具，我們必須提供給孩子們，讓他們能期待未來，全心向前，成為一個成功的「未來人」。

LESSON 24

在家可以實踐的「地球人教育」

TEACH YOUR CHILD
TO BE A GLOBAL CITIZEN

今年時常聽到全球公民這個名詞，或者叫世界公民，或直接翻譯成地球人。地球人是指可以超越自己身份或地理政治邊界的人。這並不表示他們會放棄自己的國籍或責任，但是他們對地球的其他人，都能平等對待和愛護。

在家可以培養地球人嗎？

答案是：Yes。

要做一個地球人，最重要的條件就是能夠理解、接受和欣賞與自己不相同的人和事。

在家裡我們可以灌輸給小孩子世界各地的文化習俗和生活，讓他們從小知道地球上有各種不同的人，說不同的語言，玩不同的遊戲，唱不同的歌曲，慶祝不同的節日，信不同的宗教等等。但這些人都和我們一樣是地球人，有同樣的權利和價值。

我教孩子們的時候，注重告訴他們，「世界上有不同的人種是一種恩賜。

大家不同，所以生命才特別精彩和有趣。不要害怕有人與你不同，也不要歧視有人與你不一樣。因為如果全世界的人都跟自己一模一樣，可能每天都會悶死了。」

除了口頭上跟他們說，我還會在生活中實踐這個道理。

我會帶他們到公園看花朵。「你看，每一朵花朵都是不同的。都漂亮，多可愛。如果所有花朵都是一樣的話，那麼公園就沒有這麼美麗了。」

我會帶他們到市場買菜，問他們，「你們今天喜歡吃什麼蔬菜呢？」大哥會說「菜心」，二哥會說「黃瓜」，三弟會說「馬鈴薯」。都買了之後，我會跟他們說，「你看有那麼多種類的蔬菜，真好呢！每天都可以吃到不同的菜式。如果市場只有一種蔬菜，那我們吃飯就沒有那麼開心了！」

就是這樣，我把「差異是好事」這個道理灌輸到他們的腦袋裡和心裡。

為了讓他們認識和熱愛世界，我用了很多小方法。

其中一個就是唱世界各國的搖籃曲和兒童歌給他們聽。生了大兒子之後，我特別灌錄了一套CD專輯，內容是一百首世界各地的兒童歌和搖籃曲。孩子們小的時候，時常聽這些歌曲，我也會為他們解釋歌曲的背景。唱歌給小朋友聽，對他們的情感發展特別重要。歌曲能夠長久留在心中，成長之後，只要聽到小時候聽過的歌曲，就會感到特別親切。

他們的腦袋裡面有很多國家的歌曲，日後到世界各地，聽到這些音樂的時候，也會感到十分親切和溫暖，和當地人容易產生共鳴。所以從小給孩子聽世界各地的歌曲，對地球人的教育是非常有用的。

為了令孩子們感受到各種風俗，我們家裡會慶祝很多國家的節日。

一月一日開始慶祝日本的元旦。

二月三日慶祝日本的節分，接著迎接中國春節。

二月十四日慶祝情人節。
三月三日慶祝日本的雛祭。
三月十四日慶祝白色情人節。
四月中慶祝復活節。
五月五日慶祝日本兒童節。
五月中慶祝母親節。
六月中慶祝父親節，接著慶祝端午節。
七月七日慶祝七夕。
八月十五慶祝中秋節。
九月重陽，十月慶祝萬聖節。
十一月感恩節。
十二月耶誕節等等。
一年到頭，非常忙碌。

每一個節日我們都做盡細節，還會解釋節日的由來和意義，讓他們更加有興趣認識自己的國家和其他國家的歷史和文化。

我們的小孩子都很喜歡看地圖，因為從小我有空就和他們一起看。我們看著世界地圖，想像到各個國家旅遊。

更會找一些書來，看看各國的風俗和景點，一起想像長大之後去看一看。所以現在他們長大了，去旅行是他們一個大興趣。平常絕不奢侈的孩子們，儲蓄了錢就會去探訪其他國家，欣賞其他國家的風俗習慣，接觸其他國家的人。他們異口同聲的說，「這才是最高享受，可以令自己的生命更加豐富呢！」

從小我就訓練孩子們說英語、日語和中文。雖然還有很多語言他們不會說，但可以說三種語言，對他們在地球上生活來說，非常有利。所以如果有機會，家長應該積極鼓勵小朋友多說幾種語言。小時候學語言比較容易，也不會有太大的抗拒。

要當一個地球人，除了要欣賞與自己不同的事物之外，也要懂得愛護地球。所以從小我就培養孩子們喜歡大自然，珍惜動物生物，不可以浪費能源、食物和水。

我們一直都有參與回收運動，盡量不浪費食物，也會珍惜每一件買回來的東西。我發覺小孩子無論年紀多小，也可以明白環保的道理。

記得有一次，我看到當時四歲大的大兒子在回收桶裡找東西。我說，「你不要在那裡玩，那是垃圾啊！」他回頭說，「媽媽，你把紙拋掉，所以它變成垃圾，不拋掉的話，就是我的玩具呀！」

當時我吃了一驚！孩子比我更環保，我要跟他學習呢！

現在孩子們熱愛大自然，為了保護地球，各自各的行動。

譬如說，小兒子只在節日才吃紅肉，因為牛和豬的畜牧都會促進地球暖化。大兒子在自家平台種了很多食物，盡量減低自己排出的二氧化碳。二兒子生活盡量清淡，不會多買東西，減少消費。

為了適應全球化的浪潮，我們希望下一代在世界任何一個地方都能夠舒適的生活，能夠自立，融入各國社會之中。現在，訓練孩子們當地球人已經不是一種選擇，而是一件必須要做的事。

LESSON 25

中產階級進史丹福的機會越來越小嗎？

IS IT TRUE THAT ONLY THE RICH AND ELITES CAN ENTER STANFORD?

答案是：No。

最近美國發表了一項研究，用幾百萬份稅收帳單，分析頂級大學學生的家庭背景。

這個研究的對象是二〇一三年畢業的學生，也就是說入學時間是二〇〇九年。雖然是十年前的情況，但也可以從這個研究中，瞭解到史丹福大學學生的家庭背景。

研究結果顯示，史丹福學生的家庭年收入中位數，是十六萬七千五百美元，全校百分之六十六的學生來自美國年收入前兩成的家庭。其中，百分之十七的學生來自美國年收入前百分之一的家庭，百分之三十九來自前百分之五的家庭。至於美國最低收入的百分之二十的家庭中，能進入史丹福的只有百分之四。

由此看來，大部分史丹福學生的確是富裕家庭的子女。但我們也要記得，仍然有百分之三十四的學生，不是富裕家庭的孩子們。史丹福大學也知道需要改善這個情況，所以近年增加獎學金，希望鼓勵家庭收入比較低的學生投考。

現在史丹福有八成學生是接受援助的。沒有接受援助的學生，每年則需要支付六萬二千多美元，包括學費、食宿等等。

如果父母年薪低於七萬五千美元，學費、宿舍和其他費用全免。

去年，家庭年薪低過七萬五千美元的學生，平均接受約六萬八千美元的獎學金，其中還包括零用錢。父母年薪低於十二萬五千美元的家庭，學費可全免，但視乎情況要交食宿或其他費用。

年收入高於十二萬五千美元的家庭也可以申請助學金，因應家庭成員人數和有沒有其他兄弟姐妹在讀大學等情況，助學金的金額有異。

去年有百分之四十七的學生接受了助學金，每年只需要付出一萬三千六百美元的開支。

所以如果考上了史丹福，並不需要太擔心交不了學費。

但有很多家庭背景不大好的學生，往往覺得史丹福是高嶺之花，只可看不可取。

史丹福表示，社會上有四個謬論，妨礙了一些學生來報名。

一、我沒有經濟能力去讀史丹福。

二、以我的地位，不能融入那環境。

三、只有天才才可以考上史丹福。

四、只有名校的學生，才可以考上史丹福。

史丹福解釋說：

一、考史丹福大學，家庭的經濟環境絕對不是一個問題。如果你考得上，大學絕對保證為你找到獎學金和助學金，絕對不會因為沒有錢而無法入學。

二、身份也不是一個問題。有一半的史丹福學生覺得自己是有色民族，有百分之十八的學生是他們家族中第一個上大學的人。大學有很多不同的活動和輔助學生的團體，不需要因為種族或家庭背景而感到自卑。

三、史丹福大學常常強調他們不是要徵收成績最好的學生，而是注重學生能否不停挑戰自己，和是否擁有與別不同的長處。不一定要天才才可以進入史丹福，但向上心、好學心是必須的條件。

四、史丹福並不注重你讀哪一間學校，但會注重你有沒有在那學習環境中全面發揮自己的能力。名校的學生，比起貧民區學校的學生，學習環境的確一定是有優勢。但史丹福會把這些情況也考慮進去，並不是單純的看分數，而是看那個學生的潛力和勤奮的程度。他們收取的學生裡，有些成績是滿分的，有些只是七十分左右。所以成績不是一切，名校也不是保障，最重要是你個人的魅力和潛能。

無可否認，如果父母都是大學畢業的，對教育兒女可能比較熱心，小孩子從小得到多方面的指導和鼓勵，成績的確會比較好，或者可以考上更好的高中。從統計資料來看，精英父母教出精英孩子的機會，的確是高一些。

但在史丹福招收的學生裡，仍然有百分之十八以上的學生，父母是沒有讀過大學的。所以並非一定要上過大學的所謂「精英」，才能教出考上頂級大學的學生。

只要父母相信孩子的能力，鼓勵他們「好學」、「自學」、「活學」，培養他們成為一個有可能性和有魅力的人，他們一定能夠考上最適合自己的大學。

作為一個留學生，首先一定要有高水準的英語能力，和能適應新環境的性格，不是每一個孩子都可以留學的。

還有一點我要說明白的。

以上提及的獎學金、助學金制度，基本是輔助美國學生的。外國的留學生，要在報名時表明是否需要獎學金，否則考上之後就不可以再申請補助。

有些人擔心如果在考大學的階段表明需要補助，可能會減低被錄取的機會。但其實美國本土的學生也需要在報名時表明是否需要補助，所以機會是平等的。

史丹福大學大約有百分之十二的比例是留學生，今年錄取了大約二百五十名，人數不多，競爭激烈。所以報名之前要三思——史丹福是否最好的選擇呢？

有沒有其他大學更適合我的孩子呢？

我在每一個兒子考大學的時候，都會與他們一起研究他們有興趣的大學。在研究過程中，我們可以認識其他大學的長處和短處，也可以和孩子們反覆討論和思考，他們究竟希望在大學裡學習些什麼。

商談之後，我們會列出一份名單，然後決定如何去報名。

很幸運，他們三人都被史丹福大學錄取了。

但世界上還有很多好大學和優秀的老師，最重要的不是大學是否有名，而是那所大學是否適合你的孩子。

送孩子入史丹福並不一定是精英或富裕階層的特權，史丹福隨時張開雙手，等待有前途的優秀年輕人。

我鼓勵所有家長和學生，不要因為家境而放棄夢想。

IV

父母的必修課

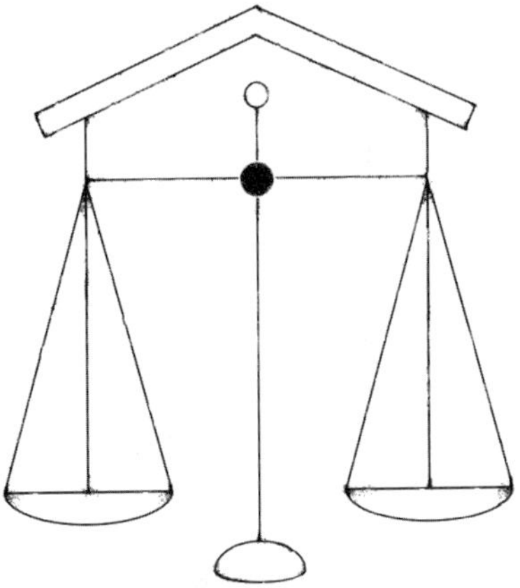

PART FOUR

ESSENTIAL LESSONS FOR PARENTS

LESSON 26

有了孩子是否要放棄自己的夢想

DO I HAVE TO GIVE UP MY DREAMS TO BE A PARENT?

前面的課程關於孩子的教育，大家應該可以感受到，教養孩子的很多問題，都是爸爸媽媽的功課。當家長很辛苦，除了孩子，還要面對很多自我實踐的問題。從今課開始，我們聊聊父母。我知道有很多媽媽因為有了小孩，放棄了工作。有人坦然接受了，有人覺得放棄了自己的夢想很可惜。

那麼有了孩子，是否要放棄自己的夢想呢？

答案是：No, No and No。

父母不但不應放棄自己的夢想，而且是不可以放棄自己的夢想。

有了孩子，人生的確會轉變，但這個轉變是正面的。

孩子可以成為你夢想的一部分，或啟發你尋找新夢想。

孩子會增加你的上進心和自信心，令你成為一個更加有經驗和幹勁的人。

擁有了新的能力，會令你更有可能達成原來的夢想。

實現夢想，並不是取決於你是否有孩子，而是取決於你對夢想的熱誠，和向難關挑戰的勇氣。

問題不在於孩子，而是在於你自己的心態。

讓我們先談談夢想，要實現夢想有很多方法。

首先你要明白你的夢是什麼，要清楚你尋找的是什麼。之後要把那個夢想變成熱情，進一步變為一步一步的目標。有了目標就要有計劃，做一個仔細而且有可能性的計劃，之後就可以開始行動。

一步一步的向著夢想前進。而且要享受每一個過程。

對自己有信心，就算失敗，也要從失敗中學習。要接收他人的批評，向他人學習。

有些時候我們要做一點犧牲，但絕對不能就此放棄。

當你發覺你的夢想無法實現，可以重新評估，看看這個夢想是否真的是人生需要的東西。

但因為你走過了這條尋找夢想的道路，你面前的可能性會比開始時更廣闊，更容易尋找到其他目標。

在追求夢想的過程中，當然會有很多困難，但千萬不要給自己藉口。

「有了孩子，為了孩子的幸福，我放棄我的夢想。」

這句話，聽起來十分偉大，好像是母愛的證明。但其實，只是你退縮的一個藉口。

是否要生孩子，我們自己可以決定，所以孩子應該是你人生計劃的一部分。如果你有夢想，應該把孩子也考慮進去。在計劃裡，構思清楚有孩子應該怎麼做，沒有孩子應該怎麼做。應該有planA、planB，有計劃性，孩子就不會成為夢想的障礙。

所以，關鍵在於你是不是真的非常希望實現那個夢想。

有些媽媽會說，「一邊帶孩子一邊實現夢想，太難做到了。」

這是事實，但有價值的夢想，都是不容易實現的。

世上沒有容易實現的夢想，如果有，那些夢想就不會為你人生增加價值。

有些媽媽會說，「因為有了孩子，所以我的夢想不能達成。」我們要坦白的問問自己，如果沒有孩子，那個夢想一定就能夠實現嗎？

有沒有可能跟孩子沒關係，而是那個夢想超出了自己的能力呢？

如果你覺得那是一個沒有孩子就可以達成的夢想，我相信即使你有了孩子也一定能夠成功的。

我們希望孩子能擁有夢想，追求夢想，成為一個能達成夢想的人。因此，我們更應該是他們身邊的榜樣。

如果你是一個充滿熱情，擁抱未來的人，孩子就會覺得你是值得模仿的對象，樂於追求夢想，擁抱未來。

如果時常抱怨，認為自己生命的挫折都是他人的責任，孩子也會學著用藉口或埋怨他人去隱藏自己的失敗。

人生中，我們不應該選擇走後悔的路。如果你選擇做全職媽媽，那麼你不是放棄了夢想，只是你的夢想改變了，不要後悔。如果你會後悔，就請不要放棄原本的夢想，更絕對不要用孩子和家庭當成失敗的藉口，這對孩子非常不公平。

記得我報考史丹福博士的時候，大兒子只有兩歲多。我在日本有工作有家庭，當接到錄取通知書時，一方面喜出望外，但同時發現我肚子裡面有了新的小生命。當時我覺得，「帶著一個孩子，到美國再生一個孩子，一邊讀博士學位，這是不可能的。」於是我打電話給教育學的教授，對她說，「我不能來了……」她沒有回應，大約五六秒鐘，然後對我說，「你是否懷孕了？」

我大吃一驚，為什麼她會知道？

我說：「是的。」

她說，「是否以後等你的孩子長大了，你要告訴他，本來媽媽可以去史丹福大學攻讀博士學位的，但為了你，我放棄了。你是否想把這個責任放在孩子身上？」我說，「當然不想！」她就說，「很多女生都是用這個藉口沒有繼續學業的。我希望你有勇氣來攻讀博士學位，我們都會一起幫你的。」

我聽了這番話，非常感動，結果帶著大兒子，大著肚子到史丹福讀書。十一月，我的二兒子在史丹福的醫院誕生了。我一邊帶兩個孩子，一邊攻讀博士課程，非常辛苦。但我很興奮，因為我覺得我沒有逃避，我接受了挑戰。

我最終拿到了史丹福的教育學博士學位，夢想成真了。

這個經驗告訴我，只要真的有熱誠，夢想是可以實現的。

如果我沒有去留學，相信到今天我都會後悔。可能我看到二兒子會歎氣。「如果當年他不在我肚子裡，我就會去攻讀博士，太可惜了！」

慶幸現在我看著孩子，會感到非常驕傲。因為他們就是我力量的來源，他們給了我勇氣，一直鼓勵我向前。我沒有把生了孩子當成藉口，那才是我能夠給孩子最大的愛。

我鼓勵所有家長，若你有夢想，就和孩子們一起去爭取吧！

你真的對那個夢想有熱誠，就如《牧羊少年奇幻之旅》（*The Alchemist*）的作者保羅・科爾賀（Paulo Coelho）所說，「當你想要某些東西時，全世界都會幫助你實現它。」

各位親愛的家長，對自己有信心，相信自己做得到，聽從你內心的聲音生活吧！孩子不會是你絆腳石，而是你的翅膀，會幫助你飛得更高更遠。

LESSON

27

如何分配工作和育兒的時間

HOW TO BALANCE WORK AND CHILD REARING

可能全世界的職業女性都會被問到一個問題：你如何平衡工作和家庭？有了孩子，問題就更難了。

如何分配工作和育兒的時間，是在職家長的最大難題。這不單是在香港，在中國內地甚至其他國家，Work and family 都是當父母的最大挑戰之一。

一方面要為了生活而工作，一方面也希望有足夠時間和孩子們交流。一天只有二十四小時，時間不夠，分身乏術，令很多家長十分擔憂，更會感到內疚，「因為我有孩子，所以不能夠專心工作。」「因為我有工作，不能用全部的時間陪伴孩子。」

但這些想法是負面的，並不會帶來好影響。

其實兼顧兩方面，把兩方面都做好，並不是不可能的，但我們的思維要改變。

首先我們要知道自己的目標。

譬如說，你想在工作方面成功，是指賺錢？升職？還是做老闆？或是安份守己的安心打工？

在家庭方面，要有幾個孩子？想孩子做個什麼樣的人？名校？留學？

有了目標之後，要定出一個優先排序，排列每一個生活細節的重要性。

有些人覺得不遲到是最重要的；有些人覺得升職是最重要的；有些人覺得和朋友交流是最重要的。

有些家長覺得孩子吃什麼是最重要的；有些家長覺得孩子的運動是最重要的；有些家長覺得孩子的成績是最重要的。

有些家長覺得清潔家裡是最重要的；有些家長覺得外表是最重要的；有些家長覺得陪孩子玩耍是最重要的。

每一個人覺得重要的地方都不同，先把你覺得最重要的事情的優先次序排好。排好之後，時間的分配就會變得很清楚。

我覺得和孩子們共度時間是最重要的，所以孩子小時候，我並不奢望有私人時間，工作以外都和家人度過。去美容院只是剪髮，不洗頭不吹頭；不參加不能帶孩子的聚會，不和朋友逛街，不浪費時間買衣服等等，一分一秒都留給和小孩子一齊度過。

時間是可以騰出來的，在帶孩子的時候，我從不會說「媽媽沒有時間」。

另外一件對我來說需要優先的事，是孩子的健康。所以我對他們的食物特別注意，大部分時間都在家裡吃飯。

早上做早餐，準備好午餐的便當，晚上盡量回來做晚餐，和他們一起吃。因為我相信孩子的身體需要健康的食品，所以根據他們的體質，給他們吃適合的食物。

我也注重孩子的精神狀況，盡量和他們一起玩耍，交談，希望他們成為一個快樂、滿足和堅強的人。

學業方面，在他們低年級的時候，我會盡量和他們一起做功課，讓他們打好學習基礎，養成好的學習習慣。

這就是我的優先排序，其他事都在其次，比如我不會太費時間為孩子們打扮，衣服舊了一點也不會在意。

在工作方面，我不希望別人覺得我因為是媽媽而忽略工作。因此，在工作的時候，我集中精力，非常用心地去做好。

我本身是一個歌手，也是一位電視主持人，是作家也是大學教授，工作非常忙碌，每天都好像在打仗。

因為我的工作不是朝九晚五，每一天的時間表都不同，特別難安排和孩子在一起的時間。所以我盡量放棄晚上的工作，回來給孩子們做飯，看他們做功課。迫不得已的時候，就用電話聯絡。

每一天我都會告訴孩子們當日我的工作，所以他們都知道怎樣可以找到我，亦可以想像我在做些什麼。他們不會慌張，因為知道需要媽媽的時候，可以找到媽媽。

在之前的課程中，我也提到在我們的家裡，家務是所有人的責任。誰有時間就誰做，所以大家都會自發去做。這個習慣，能減少吵架，增加感恩之心。大家都累時，就大家都不做，一起休息。不會有怨言，沒有心理上的壓力。

培養你的伴侶和你一起帶孩子，是十分重要的。不是當他有空的時候和孩子玩耍，而是要他在你突然生病的時候，能夠負擔起全家的責任。他要知道孩子的學校安排，孩子的衣服在哪裡，書本教到哪裡等等。

如果你的伴侶和你一樣在前線照顧孩子，你的負擔就會減少很多。

不是每一個爸爸都能夠做到這點。但你可以慢慢鍛煉他多做一點。他多做一點，你的負擔就會減少一點。要有耐心勸服你的伴侶，做你育兒的夥伴。有積極的爸爸媽媽的家庭，對孩子來說是最幸福的家庭。

為了保護孩子，我們要建築一個安全網。有什麼意外或突發事情時，有立刻願意幫忙孩子的人。

如果爺爺奶奶在身邊，可以倚靠他們。如果沒有親戚，就要找到值得信賴的人，隨時為你保護孩子。

有了這個「安全網」，會減輕你每天的心理負擔，是非常重要的準備。

其實每天二十四小時，說短很短，說長也很長，我們需要做的事，大部分都可以做得到的。

另外，不要過度要求自己或家人，可以放鬆的地方就放鬆。如此，你會找到很多幸福的空間。

和孩子度過的時間，並不一定要長，只要充滿著愛和歡樂，就會令孩子忘記整天的寂寞，感受到家庭的溫暖。

所以不要慌張，相信自己的能力。有了困難，要懂得求助，希望我也可以幫到你。

LESSON

28

父母有不同的教育觀怎麼辦

WHEN YOU AND YOUR PARTNER HAVE DIFFERENT EDUCATION GOALS

上節課我講到，爸爸媽媽是育兒的夥伴。不只是育兒，夫妻本來就是生活的夥伴。但因為都很愛孩子，難免會在孩子教育問題上有分歧。有不同的教育觀並不是很特別的事。

在不同環境成長的男女，雖然結了婚，生了小孩，變成父母，也不一定會有同樣的人生觀，對孩子的教育方法和未來的期待，也會有差異。教育觀不單是如何選擇學校，是否要上興趣班等問題，而是包括了人生哲學的思考。

很多夫妻，生了孩子之後，才發覺自己和伴侶的人生哲學，有很大的分歧。

有位女性朋友告訴我，「我的丈夫告訴孩子，在什麼情況之下，你都要贏。不擇手段也要取得勝利，否則就沒有人會尊敬你，因為這個世界是勝利者的天堂。」朋友說，「但我希望孩子做一個誠實勇敢的人，不一定要勝利，況且誰是勝利者，誰是失敗者，根本是很難講的。」人生哲學上有這麼大的差別，夫婦之間往往會為教育孩子而爭吵。

當父母的教育觀點有衝突，發生爭執時，孩子會感到很徬徨，不知道應該聽誰說的話才對。所以為了讓孩子有正確的人生觀和最佳的教育環境，父母應該坐下來，說清楚如何教育孩子。

首先要明白，教育觀點有分別，並不是壞事，反而是好事。因為一個人的意見，往往可能比較偏激，但兩個人的意見，則可以從不同的觀點看同一件事，會平衡一點。

所以當教育觀點有差別時，父母應該互相商量，衡量對方和自己的意見，然後再作出決定。決定後，就依從大家都認同的方法教導孩子。

如果兩人沒辦法找到相同觀點時，要平心靜氣的和孩子解釋，為何爸媽的想法不同。當然，這並不是理想的解決方法，最佳方法還是要互相包容體諒，找到一個共同可以接受的教育觀。

朋友聽了我的勸告之後，回家與丈夫坐下談過，決定不灌輸給孩子太計較輸贏的人生觀，而教孩子要注重充實自己。朋友笑說，「原來伴侶不是我想像中的那麼倔強，真的應該早點坐下來談一談。」

所以從好的方面來看，商量教育孩子的方法，也可以增加夫婦之間的理解。

但有一些家庭的問題卻完全相反，就是爸爸對孩子們的教育完全不負責任，也不感興趣，把全部責任交給媽媽。

教育孩子是一個非常大的工程，如果都由媽媽一個人去負擔，是非常辛苦的。這也可以說是教育觀點不同，因為有很多男人還是覺得，教育子女是母親的責任。

如果你的伴侶對教育兒女沒有興趣，你要培養他做一個「教育爸爸」。

為了引起爸爸對教育的興趣，你要令他感到做爸爸的滿足感。

給他時間和孩子單獨相處，孩子聽話時，他會感到當爸爸是一件快樂的事。

隨後你就可以慢慢灌輸給他有關照顧孩子的知識：如何為孩子洗澡，如何幫助孩子做功課、換衣服等等。

孩子不聽話，做錯了事，和爸爸商量如何教導孩子。孩子努力求進步的時候，也和爸爸商量如何獎勵孩子。

事無大小，兩口子可以不斷討論，把育兒變成一件夫婦交流的樂趣。當爸爸感覺到他是孩子生命中的重點，他就會慢慢對孩子的教育有興趣，積極參與。

有爸爸參與教育的家庭，是充實的好家庭。

因為我是跨國婚姻，知道夫婦之間一定會有不同的教育觀點。所以結婚之後，我立刻和丈夫討論如何教育孩子。為了避免爭吵，我們同意凡事都要商量，接受對方的意見。

為了避免不能達成共識，不知所措的情況，我們同意指定一個擁有最後決定權的人。我的丈夫說，「你那麼熱心，最後決定權就交給你吧！」

如此這般，我們家裡關於教育的最後決定權在我手上。

丈夫把決定權讓予我，我是十分感恩的。所以我凡事都會與他認真商量，很多時候，我是接受他的意見的。

我跟丈夫的意見平常都是很接近的，但有些時候也會不同。大兒子選擇學校的時候，我本來想他進入一所名校，但爸爸覺得那所名校並不適合孩子，後來我們決定把孩子送入了國際學校。國際學校也教日文，但普通課程都是用英語教導的。我有點擔心孩子會忘記自己是中日的混血兒。

但爸爸覺得只要家庭裡有充分的身份教育，應該沒有問題。當時我接受了他的意見，積極地在家裡進行身份教育。所以雖然在國際學校成長，我們的兒子，都能充分明白自己的身份。

孩子有問題的時候，爸爸會給意見幫助我解決。爸爸並不喜歡出面，所以很多時候都是我出面。雖然我覺得爸爸出面比我好，我還是會承擔責任，採取行動。但在後面，丈夫會給我支持和鼓勵。

這是我們家裡的做法，你的家庭可以有你們的做法，關鍵是你和伴侶之間要有一個協議：就是同心合力的去教育你們的孩子。

意見不同，沒問題，兩個人商量解決。意見一樣，太好了，但也要反省那個教育法是否適合孩子。夫婦一起學習，一起努力尋找共同的教育觀來培養孩子。

兩人有不同的教育觀，經過討論之後，可能會得到一個更適合孩子的教育方法。所以不要抗拒討論，因為交換意見才可以促進父母的成長。

LESSON

29

夫婦之間的吵鬧會如何影響孩子

HOW WILL FIGHTS BETWEEN PARENTS INFLUENCE CHILDREN?

夫妻之間的爭吵是不可避免的，只要在一起生活，就會有衝突。有了孩子以後，家變成三個人、四個人甚至更多，衝突也會更多，我們應該如何面對呢？如何表達和解決爭議，對孩子會有不同的影響。

某些衝突，會對孩子的成長有好處：孩子如果看到父母冷靜的解決問題，就能學習如何消解爭論。

但如果衝突處理得不好，父母用破壞的方法吵架，就會對孩子有壞影響，傷害孩子。

譬如侮辱對方、威脅對方、身體攻擊、採取沉默的態度迴避對方、離家出走等等。這些都不是真正的解決方式。

當父母互相敵對的時候，有些孩子會變得心煩意亂、擔心、焦慮甚至絕望。更有些孩子變得有攻擊性，在家庭或學校出現問題。

更小的孩子，可能會出現睡眠障礙、頭痛、胃痛等身體上的問題。

父母的吵鬧會令孩子分散注意力，學習上也會產生問題。

成長在不和睦的家庭的孩子，比較難以與人建立健康、平衡的關係。

心理學的研究，發現在衝突較多的家庭成長的人，到晚年會有更多健康、情緒和社交問題。其中包括高血壓、低免疫力、抑鬱、物質依賴、孤獨等等。

換句話說，父母之間的爭吵會影響孩子的一生——不僅僅是幼年期和青春期，到了成年甚至老年，都會有壞的影響。

有些時候，父母為了避免爭吵，會主動投降或屈服。但這種調解衝突的方法是消極的，並不能解決問題。孩子感覺到父母之間的敵意，但看不到解決的方案，會令他們更加感到無力，增加精神上的負擔。

孩子是非常敏感的，哪怕父母關著門吵架，他們也會感受得到。明明在房裡吵架，出來的時候卻裝作若無其事，會令他們對父母的信賴降低，而且會憂慮究竟在房裡發生了什麼事。

但如果父母能夠用正面的方法解決衝突，孩子們會從中受益。

當父母互相支持、妥協、發揮包容的精神去解決衝突，孩子就能學習到消解吵架的社交技巧，也能夠得到安全感，與父母建立更好的關係；在學校也會做得好，心理問題也會減少。

所以，並不是不可以吵架，關鍵在於吵架後如何解決衝突。

就算父母吵架之後，只能解決一部分的問題，但大家還是可以相親相愛，孩子看到這樣的解決方案，也會放心。只要他們知道父母可以用愛心一起面對問題，孩子就可以安心的生活下去。

我們夫婦倆並不會時常吵鬧，意見不同的時候盡量理性討論。但我的丈夫，很多時候會採取沉默、逃避的方法。

當這情況發生時，我會向孩子們解釋，「我等爸爸安靜下來，會跟爸爸探討的，不要擔心。」要讓他們知道，雖然我們意見不同，但一定能夠解決。

我發現這個方法可以令孩子安定下來。

夫婦間的問題，並不是他人看來那麼簡單，有些時候可能真的解決不了。

但是作為父母，我們要保護孩子。希望兩口子的爭吵，不會對孩子的成長有嚴重影響。

所以夫婦應該有一個共同目的，就是無論兩人多麼激動，也要知道在屋簷下有孩子存在，要想盡辦法，令孩子有和諧安定的生活。

許多家庭的例子證明，有了孩子，夫婦爭吵會增加。

責任多了，時間少了，人也容易不耐煩，很小的事就會覺得很不滿，又不可以把憤怒發洩在孩子身上，所以容易引起夫婦之間的爭吵。

正如剛才說過，只要夫婦能夠正面解決衝突，其實吵鬧也可以幫助孩子學習如何與人相處。

有幾種正面的解決方法可以作參考的：

夫婦要互相明白，其實大家都是同一個團隊，有共同的目的，並不是敵人。所以意見不同，也要找到一個解決方法，互相讓步，共同處理問題。

吵架時，千萬不要用侮辱性的詞語。要說什麼，都要抱著善良的心去說。

要相信你的伴侶，並不是有壞心腸。可能是疏忽，或者就是這次做得不太好，要抱著理解之心和伴侶談話。如果知道這次是自己不對，就坦承的道歉。這些方法，如果能做好，對孩子的社交教育也有幫助。

無論如何，夫婦之間的吵鬧，對孩子是有重大影響的。這個影響是正面或負面，我們當父母可以決定。

所以，雖然並不是一件容易的事，也要努力哦。

LESSON

30

父母的工作態度對孩子的影響

HOW WILL PARENTS' ATTITUDES TOWARDS WORK INFLUENCE CHILDREN?

有了孩子也不應放棄自己的夢想，這不僅是對自己人生負責任，也會影響孩子。我們對待工作的態度也是一樣，「以身作則」這個詞是很有分量的。

父母如果把工作放在第一而忽略孩子，孩子的童年會很寂寞。孩子需要父母的愛、教導和關懷。所以有了孩子，就不可以事事以工作為優先。工作可以換，孩子是換不了的。失去了教導孩子的機會，日後就很難補償。所以我們要定一個適合自己家庭的工作方式。

除了這個問題之外，父母的工作態度對孩子將來的職業道德有非常大的影響。

根據美國心理學家 Derek 和 Baker 的研究，發現對孩子的職業道德影響最大的，就是他們的父母。

什麼是職業道德呢？

他們定出三種職業道德，也可以說是工作的取向：

一、當工作就是工作：為了生活而工作。

二、當工作是事業：從中爭取自我進步、成功和滿足感。

三、當工作是一種呼喚：覺得是天職，沒有報酬也會樂意去做這工作。

如果父母下班回家後，時常埋怨如何討厭自己的工作、想快點退休等，孩子就會覺得工作是很辛苦的事，只是為了吃飯才去工作。

但如果父母回家後，訴說如何享受他們的工作，而且得到滿足感，達到一個成就，充分表示喜悅，那麼孩子也會覺得工作是值得去追求的，相信成功之後會有很多回報。

如果父母回家後，表示他們的工作是多麼有意義，不單可以賺錢生活，更對精神上有很大的得益，還可以貢獻社會。聽了這樣的話，孩子當然也會追求同樣的道路。

哈佛大學的研究發現，媽媽對女兒的影響特別大，一個職業女性的女兒往往會成為成功者和高收入者。

那麼如果我們想要孩子擁有正面的工作態度，應該如何教導他呢？

簡單來說就是要以身作則。

如果你希望你的孩子把工作當為工作，然後在工餘時間找尋自己的樂趣，那麼第一種心態是可以接受的。

如果你希望你的孩子在工作上得到成功，爭取名利，獲得滿足感，加強自己的能力，那麼你也要有這種心態，孩子才會覺得這是正確的職業道德。

如果你希望孩子覺得為人服務或追求自己的興趣是最重要的，工作與金錢報酬無關，那麼第三個工作態度就是你的選擇。

雖然以身作則是最好的辦法，但如果我們沒有選擇的機會，也可以和孩子討論這三種工作態度，讓他們自己選擇。為他指出其他模仿對象，讓孩子具體的看到這三種不同的職業心態。

因為我的工作是藝術、教育和志願工作，所以可以說屬於第三種職業道德。

我覺得我的工作都是上天恩賜的，很幸運有這個機會表達自己和貢獻社會。

我這個心態，影響我的孩子很深，他們都覺得對別人沒有貢獻的事，不是最有意義的事。

我的伴侶是我的工作夥伴，他是現實派，對工作非常認真，而且會追求成果。他事業成功，亦會在孩子面前表現出成功帶來的好處。所以孩子也有受到爸爸影響。

現在大孩子有自己的公司，經營態度有點像爸爸，生意做得越來越好，每次得到成果，他就會非常興奮，也有滿足感。

二兒子比較像我。他是工程師，但他選擇的工作都是對人有貢獻的，他不在乎高工資，最注重的就是工作是否對這個世界有好影響。

三兒子是電腦科學家，在研究如何用 AI 幫助非洲的農民。將來他會如何選擇他的職業，相信一定會受到我們的影響。

無論你抱持什麼職業道德和想法，父母都應該敬業樂業，教導孩子有工作是一份恩惠。職業無分貴賤，可能現時的工作不太適合你，但也比失業好很多。所以我們應該用一顆感恩的心，每天迎接工作。不怕吃虧，盡力而為。這樣的工作態度，才能給孩子們建立好榜樣。

我時常對孩子們說，「如果人家希望你做百分之百的工作，你就付出百分之一百二十的努力。那麼你做得好或做得不好，人家都會賞識你。」

我的工作態度就是這樣的。

每當我接受了一份新的工作，我都會先與對方討論。知道對方對我的要求後，我會盡量努力做好那件事，希望能超過對方的期待，工作做完之後，給對方一個驚喜。對方會覺得，陳美齡真的超過我的預想，和她一起工作，真棒！

無論工作大或小，這都是我的目標。

我的兒子們時常看著我這樣工作，影響他們工作時也絕對不會偷工減料，而且會享受過程。

我覺得我這種職業道德，令我在五十多年來得到很多擁護者和給予我機會的人，我是非常感恩的。

我希望我這種工作態度，能夠給孩子們一點影響，推動他們做一個敬業樂業和感恩的工作者。

對工作的不同態度，多少也決定了孩子會成為一個什麼樣的人，這也是我們這個課程的目的。我用我的知識和經驗和你一起探討，希望可以為孩子們、爸爸媽媽們做點貢獻。

這是最後一課，但我想我們的學習不會停止。謝謝大家！

讓孩子面向未來
——30堂家長必修課

作　　者　陳美齡
責任編輯　寧礎鋒
書籍設計　施學佳
出　　版　三聯書店（香港）有限公司
香港北角英皇道四九九號北角工業大廈二十樓
Joint Publishing (H.K.) Co., Ltd.
20/F., North Point Industrial Building,
499 King's Road, North Point, Hong Kong
香港發行　香港聯合書刊物流有限公司
香港新界荃灣德士古道二二〇至二四八號十六樓
印　　刷　美雅印刷製本有限公司
九龍觀塘榮業街六號四樓A室
版　　次　二〇一九年五月香港第一版第一次印刷
二〇二三年一月香港第一版第四次印刷
規　　格　三十二開（125mm × 185mm）二四八面
國際書號　ISBN 978-962-04-4480-7